個人でカフェを
はじめる人へ

亀高 斉

15店に学ぶ、小規模で
強い店をつくる秘訣

まえがき

　本書のテーマは、サブタイトルにもあるように「小規模で強い店をつくる」です。実力派の15店にご登場いただき、地域で長く支持される「強い店」をつくるための秘訣に迫りました。個人でカフェをはじめる方々に、ぜひ読んでいただきたい内容です。開業から3年以内に閉店してしまうカフェが多いと言われる中で、長く続く「強い店」をつくるためのヒントがこの本には詰まっているからです。

　そう自信を持って言えるのは、ご登場いただいた15店から、私自身がたくさんの学びと刺激をもらったからです。長く店を続けていくために大切にしてきたこと、日々努力してきたこと、スタッフに伝え続けてきたこと。それらを語ってくれた経営者の方々の言葉に、私は取材中、「なるほど！」と何度もうなずき、その真摯な経営姿勢に感銘を受けました。それを余すことなく表現したのが本書です。

　30年、40年、50年…と続く老舗カフェにもご登場いただき、その他のお店も本当に実力店ばかり。カフェに通ずるところが多いレストランや洋食店も取材させていただき、様々なタイプのお店の強さの秘訣を解説しているのも本書の特徴です。さらに、取材店の皆様の協力により、たくさんの素晴らしい写真とともに解説をすることができました。写真を見ていただくことで、より参考にしやすい構成になっています。

　「小規模で強い店をつくる」。この硬派なテーマに真正面から取り組んだのが本書の大きな価値であると自負していますが、同時に読みやすさ、見やすさも工夫された編集・デザインになっています。ぜひ、より多くの方々にご一読いただければと思います。

・本書は、月刊「CAFERES」(旭屋出版刊)の2017年3月号〜2018年6月号に掲載した
　連載企画「小規模で強い店をつくる」の内容を再編集してまとめています。
・本書で紹介しているお店の情報、メニューの内容や価格等は2018年5月現在のものです。

目次

3	まえがき
6	CAFFÉ STRADA
18	DAVIDE COFFEE STOP
30	東向島珈琲店
42	HATTIFNATT
54	café vivement dimanche
66	moi
78	BERG
90	UNCLE SAM'S SANDWICH
102	adito
114	Café Angelina
126	Café des Arts Pico
138	LIFE
150	紅茶専門店ディンブラ
162	素敵屋さん
174	カフェ・バッハ
186	あとがき

CASE 01

CAFFÉ STRADA
● 東京・荻窪

SHOP DATE
住所：東京都杉並区荻窪4-21-19
　　　荻窪スカイハイツ101
電話：03-3392-5441
営業時間：11:30〜23:00
定休日：月曜日
客単価：昼1100円、夜1300円

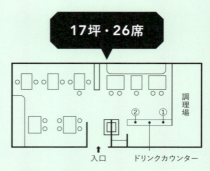

17坪・26席

① エスプレッソマシン、グラインダー
② レジ、ケーキのショーケース

コーヒーも料理も"強い店"。
親子でこの魅力を築き、
いまの時代にますます人気拡大！

「小規模で強い店」をつくるために大切なことは何か。店の規模が小さくても、息長く人気を集める実力店の"強さの秘訣"に迫る本書の最初に登場してもらうのは、東京・荻窪の『CAFFÉ STRADA（カフェ ストラーダ）』。親子でコーヒーも料理も"強い店"をつくり、いまの時代にますます人気拡大中だ。

コーヒーの専門店、例えばバリスタがいるカフェで、プロの料理人がいる店は少数派ではないだろうか。大型のカフェなら、バリスタだけでなくシェフを雇い入れることもあるが、小さな店ではなかなかそうはいかない。

そうした中、17坪の小さな店ながら、バリスタとシェフがともに活躍し、人気店になったのが『カフェ ストラーダ』だ。バリスタはオーナーの市原道郎氏、洋食のシェフは父の正道氏。親子でそれぞれのスキルを生かし、コーヒーも料理も"強い店"をつくったのである。

親子でバリスタとシェフのスキルを持ち合わせている。そんな例は稀で、

同店は特殊な店かもしれない。コーヒーやスイーツだけで人気の店も多いように、カフェにとって料理は絶対に必要なものではない。

それでも同店は、改めて教えてくれる。コーヒーも料理も魅力的な店づくりが、強い集客力を生み出すことを。そして、料理とコーヒーの「セット売り」で人気を集める同店の売り方からは、自店の魅力を上手にお客に伝えていくことの大切さも分かる。

バリスタという仕事に
出会い、進むべき道が見えた。
シェフの父とともに開業

オーナーの道郎氏は現在45歳。バリスタの仕事に就いたのは23歳の時だ。大学卒業後に入社した会社が手掛けるカフェで、「たまたまバリスタ担当になった」が、シアトルから来日した指導員からバリスタの仕事を教わる中で、その魅力に目覚めた。

約20年前の当時は、ラテアートという言葉もあまり知られていない時代。

ハートやリーフを描いたカフェラテを作ると、初めて目にするお客は、喜び方が尋常ではないくらい感動してくれたという。「20代前半のころ、自分になかなか自信が持てませんでした。でも、お客様に心から喜んでもらえるバリスタという仕事に出会い、自分も世の中の役に立つものを見つけることができました」(道郎氏)。

進むべき道が見えた道郎氏は、7年間、このカフェに勤め、うち5年間は店長も務めて30歳の時に独立。長年、洋食のシェフを務め、ビストロのオーナー経験もある父の正道氏とともに、2002年、東京・荻窪に『カフェ ストラーダ』を開業した。

開業にあたっては、料理は父の正道氏に全面的に任せ、コーヒーと数値管理を道郎氏が担当。コーヒーはシアトル系のカフェで学んだ道郎氏の技術を生かし、エスプレッソドリンクの多彩なバリエーションを魅力にした。料理は、正道氏が開発したハンバーグやビーフシチュー、ドリアなどの洋食がメインだ。

そして、このコーヒーと料理の魅力を、同店は「セット売り」で浸透させた。現在でもランチ(11時30分〜17時)は、料理に100円をプラスするだけで、エスプレッソやカフェラテを飲むことが

できる。しかも、15Pの表で紹介したように、ドリンクの種類は「エスプレッソ マキアート」やフレーバーが11種類から選べる「フレーバードカフェラテ(+30円)」までラインナップする豊富さ。選ぶ楽しさも大好評で、ランチの食事客の8〜9割が料理にドリンクをセットする。

ビギナーが親しみやすく、コアなファンも通いたくなる。だから広く、長く支持される

ドリンクのセットが100円。かなり安い価格設定だが、これはお得感で集客するだけでなく、もう一つ、大きな意味がある。多彩なエスプレッソドリンクの魅力を、お客に知ってもらう〝窓口〟の役割を果たしているのだ。

一杯一杯淹れるエスプレッソドリンクは、昼のピーク時ともなれば注文に対応するのが大変である。実際、「もっと種類を減らした方がいい」と、まわりから言われたこともある。それでも、道郎氏は、セットのドリンクでも多彩な品揃えにこだわる。「シアトル系のエスプレッソのバリエーションを、より多くの人たちに楽しんでもらいたい」という気概がそこにはあるのだ。

バリスタ歴20年以上の道郎氏は、エ

スプレッソに関して熟練のプロだ。「ストレートで飲んでもおいしく、フレーバーと合わせてもその味に負けずに程よく調和する」。そうしたエスプレッソのおいしさを追及しながら、エスプレッソドリンクに詳しくないお客が気軽に利用できる売り方も心掛けてきたのである。

そうした中で、コアなファンも徐々に増えてきた。いまでは、道郎氏本人が好きなお酒を使った「リキュールカフェラテ」（620円）などを楽しみに来店するお客も少なくない。好みを聞いて2種類のフレーバーの組み合わせを味わってもらうこともある。

ビギナーが親しみやすい形で自店の魅力を伝えながら、お客とのつながりも自然な流れで深めていく。その経営スタイルに、息長く支持されるカフェの姿を見ることができる。

ネットの口コミも追い風にし、売上上昇。強さの秘訣は、日々の仕込みにもアリ！

『カフェ ストラーダ』は、現在、26席で1日に60〜100人のお客が来店。天候などで客数のバラつきはあるものの、この数年は以前に比べて売上を伸ばしている。10〜11Pで写真とともに紹介した隠れ家的な魅力もネットの口コミで評判になり、新たにファンになるお客も増えているのだ。

まさに実力がある証だが、同店の強さの秘訣は、多彩なメニューの提供を可能にしている「仕込み」にもある。同店は、自家製のケーキも毎日5種類ほど販売し、つまみ料理も約30種類を揃える。小さな店でもこれだけ多彩なメニューの提供が可能なのは、日々、計画的に、きめ細かく仕込みを行なっているからだ（13Pと17Pのチェック欄参照）。

そして、道郎氏は、父の正道氏から調理を学び、現在は仕込みも含めてすべての料理をこなす。70歳を過ぎた父の仕事の負担を軽減するためにも、「バリスタ兼料理人」へと自身を成長させてきた。

「味に妥協しない。それはコーヒーも料理も同じ」。この父の教えを守りながら、5年前にはスチームコンベクションを導入して品質をより安定させるなど、経営のさらなる進化にも取り組んでいる。

ビルの奥、不利な条件の店舗を
ほっとする隠れ家空間に

↑ 店内は木の温もりを生かした内装や、クッション付きの椅子などで、お客がほっとできる空間に。写真は入口を入って左側のスペースで、分煙になるディナーは禁煙席に(ランチは全席禁煙)。BGMはランチでカントリーなどのちょっと明るめの曲を程よいボリュームで流し、夜はジャズに。客層は、7割を占める女性客を中心に、一人客から家族客まで幅広く利用されている。

01

カフェ ストラーダ

❶ビルの入口に、ランチメニューの内容や、同店のエスプレッソのこだわりを紹介した黒板を置く。コーヒーも料理も売り物の店であることを伝える。❷JR中央線の荻窪駅から徒歩で3〜4分の場所に立地。駅前の喧噪から少し離れたマンションの1階にある。❸1階の立地と言ってもかなり特殊。道路から10m以上奥まったところに店舗の入口がある。通りからでは店の場所が分かりづらい不利な条件の店舗だが、いまではそれも同店の魅力の一つに。「マンションの奥にひっそりと佇む隠れ家みたいなカフェ」として評判だ。❹看板はカフェらしい優しい色づかいのデザイン。

手作りの味、アツアツの料理。
お客の心が温まるおいしさ

↑ 手作りの優しい味わいが好評の「小海老とブロッコリーのクリーミィドリア」1030円（※ランチの価格。この価格に100円プラスでドリンクをセットできる／以下同）。ホワイトソースは小麦粉と溶かしバターを合わせて作るブールマニエから店で仕込む。

→ つまみも含めた料理の売上が、全体の約6割を占める。料理は、ハンバーグ、ドリア、ビーフシチュー、キッシュ、ロコモコなどの食事メニューだけでも約20種類を用意。17時までのランチタイムは、そのうちの約10種類をサービス価格で提供する。

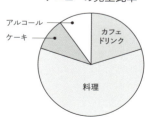

CAFFÉ STRADAの
メニューの売上比率

01 カフェ ストラーダ

← アツアツの状態で提供して人気の「煮込みハンバーグシチュー」900円。

←「チリビーンズタコライス」880円に「アボカド」150円をトッピング。赤インゲン豆や挽肉を、トマトやスパイス類とともに煮込んで作る自家製チリビーンズがおいしさの決め手。

CHECK!

手作りと提供スピードの両立

仕込みに手間をかけることで、手作りのおいしさを魅力にしながら、できるだけお客を待たさない調理オペレーションも工夫している。例えば、「煮込みハンバーグシチュー」は、仕込みの段階でハンバーグの生地をある程度、焼いておく。一緒にソースで煮込む温野菜(ニンジン、ブロッコリー、シメジ、ジャガイモ、カボチャ)も、1人前ずつにポーション分けしておく。そして、注文が入ったらハンバーグと温野菜をレンジで温めてから、ソースで煮込んで提供。

※価格は税込

シアトル系の多彩な、バリエーションに多くのファン

➡ 写真の「カフェラテ」490円（アラカルトの価格・以下同）の他、アラカルトでは「ダークラムモカ」590円、「ネイキッドラテ」560円、「スパイスアーモンドラテ」530円、「ハニーシナモンカフェラテ」530円、期間限定のラテ（取材時は「マシュマロ ミルキーラテ」550円）なども揃える。

⬆ エスプレッソマシーンはイタリアのエレクトラ社のもの。同店ではスタンプカードが満杯になったら、「ラテ作り」が体験できるという特典も設けている。

CHECK!

一度の抽出・スチームで2杯分のカフェラテ

同店のエスプレッソは、「リストレット」を2杯取りで抽出。ストレートで飲むお客にはそれを「ダブル」（抽出した2杯分）で提供し、カフェラテには抽出したうちの1杯分を使う。そして、カフェラテのミルクは、エスプレッソの2杯取りに合わせて一度に2杯分のスチームも行なう。そうすることで、一度の抽出・スチームで2杯分のカフェラテを提供できる。蒸気でミルクを横回転、縦回転させる際のノズルの場所、穴の向きなどを調整し、ミルク2杯分の大きめの容器でも状態の良いスチームミルクに仕上げている。

上：カボチャのケーキ
下：キウイのチーズクリームタルト

ケーキまで注文すれば
ちょっとしたミニコース。
このニーズも掴んだ

⬆ 自家製ケーキも毎日5種類ほど用意。アラカルトは全品420円で、持ち帰りは100円引き。ランチの料理に420円をプラスすれば、ドリンクもケーキも楽しめるセットも用意する。ケーキまで味わえばちょっとしたミニコース感覚で食事を楽しむことができ、ランチの食事客の3割前後がこのセットを注文。

ランチに100円で
セットできるドリンク

以下の種類のドリンクをランチの料理に100円でセットできる。最も人気が高いカフェラテが注文の約6割を占める。フレーバードカフェラテも注文が多く、フレーバーは定番のヘーゼルナッツなどの他、最近ではハワイアンソルトキャラメルの人気も高い。

HOT

- エスプレッソ
- アメリカーノ
- カフェラテ
- 紅茶
- エスプレッソマキアート
- フレーバードミルク
- オーガニックルイボスティー
- カフェモカ（+30円）
- フレーバードカフェラテ（+30円）

COLD

- アイスアメリカーノ
- アイスカフェラテ
- アイスティー
- オレンジジュース
- グレープフルーツジュース
- アイスフレーバードミルク
- アイスモカ（+30円）
- アイスフレーバードカフェラテ（+30円）

「フレーバー」の種類

- キャラメル
- ココナッツ
- メイプル
- ハワイアンソルト
- キャラメル
- バニラ
- クレムドミント
- ダブルベリー
- ブラックチェリー
- ヘーゼルナッツ
- アーモンド
- ピーチ

※価格は税込

父から学び、独学でも勉強し、つまみ料理を充実させた!

➡「タンドリーチキン」780円。調理技術を父から学び、独学でも料理を勉強してきた道郎氏が開発したつまみメニューだ。鶏肉を漬け込むタレも自店で配合し、お酒が進むパンチのある味わいに。写真の地ビールはシアトルの「RED HOOK」。

❶「温野菜のサラダ」410円は、煮込みハンバーグに使う温野菜をつまみに活用して開発。自家製の温かいバルサミコ酢ドレッシングをかける。❷「いちじくバター&クラッカー」410円も、ドライいちじくを使って作る自家製。

❸同店のコーヒーや料理、雰囲気が好きで働いているアルバイトスタッフも活躍。写真の西浦慎平さんはホールのサービス全般を担当。手にしているのは、イラストを使ったケーキのおすすめボード。同店のサービスは「お客との適度な距離感」を大切にしているが、ケーキの説明は会話のきっかけの一つに。❹バリスタの仕事を担当する村上 隆さん。道郎氏がその上達ぶりに驚くほど技術を向上させている。

CHECK!

仕込みの残量を"見える化"

日々のきめ細かい仕込みが多彩なメニューの提供を可能に。例えば、ビーフシチューなどに使う肉は、一度に60個ぐらいをまとめて仕込む。トロトロに煮込んでから冷凍しておき、10個ずつぐらいを解凍しながら使う。その際、10個取り出したら、ボードに書いてある残量の数字も、その都度、書き変える。そして、残量の数字が20個ぐらいにまで減ったら、また60個を仕込む。こうして残量を"見える化"し、的確なタイミングで仕込みを行なう。

❺5年前に導入したスチームコンベクション。様々な料理に活用しており、自家製のケーキの品質もより安定した。❻開業の際、長年シェフを務めてきた父の正道氏が、ガス台などの調理器具もしっかりとしたものを配備。調理場のスペースも、17坪の店にしては広めだ。❼仕込みの残量をボードに書く。仕込んだ材料を入れた容器の「定位置」を守ることなどもスタッフみんなで徹底。

CASE 02

DAVIDE COFFEE STOP

● 東京・入谷

SHOP DATE
住所：東京都台東区入谷2-3-1
電話：03-6240-6685
営業時間：10:00〜20:00 ※日曜のみ〜19:00
定休日：月曜日
客単価：500円〜1300円

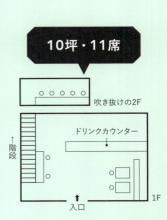

10坪・11席

"技アリ"ドリンクの数々。
下町の小さなコーヒースタンドで
大きな価値を生み出す

カフェのドリンクは、もっと新たな提案ができる。もっとお客を笑顔にできる。そんな可能性を感じさせてくれる魅力的なドリンクを提供して評判なのが『DAVIDE COFFEE STOP（ダビデ コーヒー ストップ）』。オーナー一人で営業する小さなコーヒースタンドが、"技アリ"ドリンクの数々で大きな価値を生み出している。

東京の東エリア、浅草や上野から近い入谷に『DAVIDE COFFEE STOP』はある。店舗面積は10坪ほどしかないが、元々倉庫だった店舗は天井までの高さが約5mあり、開放感のある空間が特徴的なコーヒースタンドだ。内装のデザインは、オーナーの松下大介氏がサンディエゴで立ち寄ったバスストップをイメージ。入口を入って真正面の位置に、鮮やかなターコイズブルーのタイルを腰壁にしたドリンクカウンターを配している。

客席は1階スペースの左右に6席と、吹き抜けの2階に5席を用意。お客は顔なじみの常連客が約6割で、週末なども外国人客も含めて観光客も来店する。年代は30代前後を中心に、70歳を超える常連客まで幅広い。古いビルから新しいマンションまで、新旧の街並が混在した下町の入谷で、地域の様々な人たちに利用されている。さらに同店は、年に数回、ワークショップやライブなどのイベントを開催。各種イベントを通して人が集い、出会う場所としても親しまれている。

新提案の味わいで魅了。
例えばオレンジピール入りの
カフェラテ版・シェケラート

開業は2015年2月。以来、同店が着々とファンを増やしてきた大きな理由の一つは、魅力的なドリンクメニューにある。

松下氏はラテアートの世界大会ベスト8の経歴を持つバリスタで、オリジナルブレンドのコーヒー豆から抽出の仕方まで、独自のこだわりがあるエスプレッソドリンクを提供。同時に季節のフルーツを使ったドリンクや、オリジナ

ルのアルコールドリンクを開発しているが、その一つ一つに、お客を魅了する新しい提案があるのだ。

例えば、「美味しいCafe latte」という商品がある。「いったい、どんなカフェラテなんだろう？」と興味をそそられるが、その正体は「カフェ・シェケラート」。カフェ・シェケラートは、エスプレッソ、ガムシロップ、氷をシェイカーに入れ、カクテルのようにシェイクして作るが、これにミルクを加えたカフェラテ版のシェケラートだ。

これだけでもかなり新しさがあるが、実はさらに工夫がある。オレンジの皮の香りをプラスし、「エスプレッソとオレンジピールの抜群の相性」（松下氏）を味わってもらうのだ。まず、シェイクする前にオレンジの皮を絞って香りづけする。さらに、シェイクしてグラスに注いだ後、仕上げにもう一度、オレンジの皮を絞る。こうすることでオレンジの爽やかな香りが嗅覚を刺激する。

また、ミルクだけだと少しサラっとし過ぎるため、生クリームも加える。生クリームでしっかりとした口当たりにすることで、飲んだ時にエスプレッソとオレンジピールの心地よい味わいが口の中にとどまる感じだ。シェイカーからグラスに注ぐ際、濾し器を通し、なめらかな口当たりにするひと手間もかけて

いる。

まさに技と手間が詰まった一杯。いろいろなエスプレッソドリンクを飲み慣れているお客にとっても、きっと新体験のおいしさだろう。

お客が笑顔になる、そこに価値がある。こだわりは主張せず、あくまで自然体

この「美味しいCafe latte」は一例だ。同店のドリンクは、他のフルーツ系のドリンクや、アルコールドリンクもありきたりではない。

例えば、季節ごとに良質な果物を仕入れて作るシェイクやスムージー。季節の果物で作る自家製シロップを使ったソーダ。フルーツたっぷりのオリジナルモヒートや、スパイシーな香りを加えたホットワイン…等々。どれも単においしいだけでなく、「手作りのフレッシュ感」や「季節感」、「新しさ」や「驚き」といったプラスαの魅力がある。飲んだお客が思わず笑顔になる。そんな価値の高いドリンクの数々だ。

「こちらが考えて提案したものを、お客様に喜んでもらえると何より嬉しい」。そう語る松下氏は、自身が納得のいくものだけを吟味しながら、こうした新提案のドリンクを徐々に増やしてきた。

そして、これだけこだわりのあるドリンクを提供していても、松下氏のお客との接し方はいたって自然体だ。質問されれば気さくに応じる松下氏だが、商品のこだわりを自ら積極的に説明することはしない。「それをすると押し付けになってしまうから」と松下氏はいう。

この言葉からは、あくまでも自然体であることが、地域の様々な人たちが集うコーヒースタンドで、クリエイティブなドリンクも気軽に楽しんでもらう秘訣のように感じられる。

適材適所にお金をかける。
あるものをフルに使う。
小規模店の大切な経営姿勢

オーナー一人で営業する小さなコーヒースタンドで、魅力的なドリンクの数々を提供する同店には、導入している機器やその使い方にも注目したい点がある。

まず「適材適所にお金をかけた」のがブレンダーだ。本格的なレストランが仕込みに使うような高性能のブレンダーを導入している。かなり高価だが、秒単位で回転数を細かく設定でき、シェイクやスムージーのクオリティーを高めている。

一方で、会計は無料アプリのレジ機能を活用。コンパクトなタブレットで会計ができるようにし、省スペースにもなっている。

また、同店のエスプレッソマシンにはスチームが2つあるが、その一つはミルク以外のものを温めるのに活用。例えば、ホットワインなどは、エスプレッソマシンのスチームを使ってワインを温めるのだ。鍋で温めるよりも格段に効率的だという。

「店にあるものをフルに使っています」（松下氏）。この言葉からも、「小さくて強い店をつくる」ために大切な経営姿勢をうかがうことができる。

エスプレッソの力強い味。
それを生かしたオリジナルシェケラート

↑「Espresso」350円。コーヒー豆は、島根『カフェ・ヴィータ』の門脇裕二氏に焙煎を依頼。エチオピア(ナチュラル)をベースにしたオリジナルブレンドを使用している。45秒をかけてゆっくりと抽出するエスプレッソは粘度があり、ボディー感のある味わいが特徴。

❶エスプレッソ用の砂糖は北海道産の「てんさい糖」。自然な甘みでおいしさを引き立てる。❷「cappuccino」500円。カフェラテよりもエスプレッソの味や香りが楽しめるカプチーノが、特に常連客の間で人気だ。

02 ダビデ コーヒー ストップ

← 「美味しいCafe latte」700円。「カフェ・シェケラート」のカフェラテ版で、オレンジの皮で香りをプラスしたオリジナルの味わいだ。「しっかりと抽出したエスプレッソだからこそ、おいしく仕上げることができる」というカフェ・シェケラートは、同店のエスプレッソの力強い味を生かした提供スタイルでもある。

❸「美味しいCafe latte」は、エスプレッソ、ガムシロップ、ミルク、生クリーム、オレンジの皮の絞り汁、氷をシェイク。漉しながらグラスに注ぐことでなめらかな口当たりに。❹仕上げに、もう一度、オレンジの皮を絞り、エスプレッソとオレンジピールの相性の良さを、味覚と嗅覚の両方で楽しんでもらう。

> カッコよさ、働きやすさ、
> 使いやすさ。工夫が満載!

❶ブレンダー　❷レジ

❶人気商品のシェイクやスムージーに使うブレンダーにはお金をかけ、高性能のものを導入。回す時に外枠の蓋をすることで、音を静かにできるようにもなっている。❷無料アプリのレジ機能を活用。コンパクトなタブレットで会計ができるようにしている。

02 ダビデコーヒーストップ

CHECK!

"見られる緊張感"が大切

レジ前の作業台を、通常よりも10〜20cm高くして、お客から松下氏の手元が見えるようにしている。「作る過程を見てもらうことがお客様の安心感につながりますし、見られる緊張感を持つことで、清潔感をより徹底することができます」(松下氏)。

エスプレッソマシン

③

④

⑤

❸エスプレッソマシンはイタリア・チンバリ社のM100。赤い市松模様にカスタマイズした。お客から「カッコいい!」の声が。マシンの販売会社に塗装の外部発注もお願いする交渉をしたことで、それほど高い値段をかけずにカスタマイズできたという。❹マシンに2つあるスチームの一つは、ホットワインのワインなど、ミルク以外のものを温めるのに活用している。❺マシンを置く台の高さを通常よりも高くし、腰をかがめずに抽出ができるようにもしている。

25

※価格は税込

季節のフレッシュなフルーツに体が喜ぶ。
そんな価値を生む手作りのおいしさ

↑「あまおうベリーsoda」600円。「あまおう」をてんさい糖とソーダ水で煮て、漉して作る「あまおうシロップ」を使用。ブルーベリーなど3種のベリー類を凍らせたものを氷の代わりにし、イチゴづくしの爽やかな味わいを楽しんでもらう。

CHECK!

フルーツごとの"技アリ"シロップ

取材時の「あまおう」の他、季節によってキウイフルーツやマンゴーなどのフルーツを使用。ソーダドリンクに使う自家製フルーツシロップは、フルーツに合わせて作り方を変える。例えば、「あまおう」は煮て作るが、キウイフルーツは熱を通すのが適していないので砂糖漬けにして寝かして作る。マンゴーはピューレのような状態のシロップにする。

02 ダビデコーヒーストップ

← 「あまおうshake」900円。イチゴの中でも甘みが強く、色も鮮やかな「あまおう」、バニラアイス、ミルク、氷をブレンダーに入れて作る。「あまおう」を使うのは12月〜4月。12月ごろは酸味が強めで、1月、2月になると甘みが増す。その変化を楽しんでもらうのも、季節のフレッシュなフルーツを使った手作りのドリンクならではだ。

開業当時から評判。
エスプレッソ × バナナのシェイク

➡「Espresso banana shake」700円。同店は、徐々にドリンクの品揃えを増やしてきたが、この商品は開業時から提供。特に開業1年目は、これを目当てに来店するお客が多かった。材料はエスプレッソ、バナナ、牛乳、バニラアイス、氷。「チョコバナナ」のようなイメージで、エスプレッソの香ばしさとバナナの優しい甘みをマッチングさせている。

※価格は税込

ひと味もふた味も違う。
アルコール類もクリエイティブ

↑「Spicy Hot wine」700円。ジンジャーやシナモン、ドライフルーツ、オールスパイスでスパイシーな味わいにしたワインを温めて提供。スライスしたオレンジを浮かべ、ピンクペッパーを振り、砂糖を添える。最初はそのまま飲んでスパイス感を味わってもらい、半分くらいになったら砂糖を入れてもらう。砂糖を加えるとスパイス感が和らいでドライフルーツの香りが立ち、ひと味違ったおいしさに。

02 ダビデ コーヒー ストップ

❶「Hot Rum Chai」800円。紅茶のチャイに使われるスパイス類の香りを加えたラム酒、ミルク、ハチミツを合わせたものを温めて提供。オールスパイスを振る。外国人客にも特に人気の高い一品。
❷「Russian Mojito」1000円。自家製「あまおうシロップ」で甘みを加えるので、元々甘みのあるラム酒ではなくウォッカをベースにした。通常のモヒートと同様にミントをつぶしてライムを絞り（写真❸）、さらに凍らせた3種のベリー類を加えてフルーツたっぷりの一杯に。まさにひと味もふた味も違うモヒートだ。

❹南向きの大きなガラス戸から太陽が降り注ぎ、天井が約5mあるので開放感がある。吹き抜けの2階は、カウンター5席を用意。スポットライトを使って落ち着いた雰囲気にしている。❺入谷駅から徒歩5分ほどの大通り沿いの立地。気候のよい時期はガラス戸を開けて営業する。

※価格は税込

CASE 03

東向島珈琲店

● 東京・東向島

SHOP DATE
住所：東京都墨田区東向島1-34-7
TEL：03-3612-4178
営業時間：平日 8:30〜19:00(L.O.18:30)
　　　　　土日祝 8:30〜18:00(L.O.17:30)
定休日：毎週水曜日、第2・4火曜日

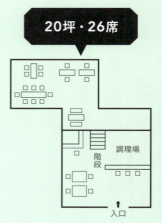

20坪・26席

30

日常の中に"非日常"を生み出す。
そんな魅力で
下町の大人気カフェに！

「お店で過ごした時間によって気分転換できた。心がリフレッシュした。そんな風にお客様に言っていただける店を目指してきました」。紹介する『東向島珈琲店』のオーナー・井奈波康貴氏はそう語る。同店は、日常の中に"非日常"の魅力を生み出して大人気のカフェだ。

飲食店の中でも、特に日常的に利用される業態。それがカフェだ。愛されるカフェとは、地域の人々の日常に溶け込むような存在と言えるだろう。

しかし、単にコーヒーを飲むだけなら、家でも飲める。日常的な利用であっても、わざわざ店に足を運ぶのは、きっと何かしらの"非日常"を求めているからだ。カフェでほっとくつろいで気分転換する。カフェでおいしいコーヒーや軽食を味わって、ちょっと豊かな気持ちになる。そうした日常の中の"非日常"の魅力が、人々の足をカフェへと向かわせる。

日常の中の"非日常"の魅力。カフェの経営において大切なキーワードだ。

『東向島珈琲店』は、その点で注目の店である。店舗の雰囲気のよさに加えて、クオリティーの高いコーヒーや、手作りのスイーツ、軽食でも来店客の心を満たす。しかも価格は良心的。まさに日常の中に"非日常"の魅力を生み出している。立地は駅から少し離れた人通りが少ない場所だが、土日ともなれば、26席の店に1日150人も来店。席の予約が入ることも多い大人気店になっている。

心ゆくまで「ほっ」として
もらいたい。その思いを
空間で、商品で表現

『東向島珈琲店』は、東京・墨田区、曳舟駅から徒歩5分ほどの大通り沿いにある。開業は2006年11月。元ホテルマンだった井奈波康貴氏が、都内の喫茶店に勤めてコーヒーの淹れ方から経営まで学び、自身が生まれ育った下町の東向島に開業した。

井奈波氏が開業時から大切にしてきたこと。それは、店頭に置く木の看板

にもさりげなく書かれている。『「時間」「空間」「仲間」この3つの「間」が、当店を通じてより良くなりますように』。この思いが店づくりの根底にある。メニューブックの冒頭にある「お客様へ」の文章の一文、『心ゆくまで「ほっ」としてくれたら幸いです』という言葉も、同店が目指す魅力を象徴するものだ。

その魅力は、まず店舗の空間で表現されている。2017年3月には、一部を改装してリニューアルオープンし、さらに店舗デザインが洗練された。それが30Pと33Pの写真で紹介した現在の店舗で、木の温もりがあり、モダンなスタイリッシュさがあり、清潔感がある。階段を上がった中2階席の窓からは隣接する公園の緑が望め、ゆっくりと時が流れていくような空間だ。この空間と魅力的な商品の数々で、同店は日常の中に〝非日常〟を生み出している。

土地柄に合わせた良心的な価格で、豊かな気持ちになってもらえるおいしさを追及

同店の商品は、例えばブレンドコーヒーは「プラージュブレンド」と「メールブレンド」の2種類を揃え、価格はともに450円。「シグリ農園」「有機栽培アティトラン」など、農場や地区名を記し

たシングルオリジンコーヒー4種を各600円で用意する。コーヒー豆から厳選し、一杯一杯、ペーパードリップで丁寧に抽出したクオリティーの高いコーヒーを、下町の土地柄に合わせた良心的な価格で提供している。

こうした商品力は、「カフェオレ」500円や「水出しアイスコーヒー」550円なども同じ。「カフェオレ」のホットはホイップを浮かべるひと手間がとても喜ばれており、「水出しアイスコーヒー」は、1mを超える水出しドリッパーで13時間かけて抽出する雑味のない味わいが評判だ。

そして、メニューブックでは、一品一品に解説をつけている。「その日の気分に合わせて、今日の一杯を選んで欲しい」。そんな思いを込めた商品解説だ。良心的な価格で日常的に利用してもらい、なおかつ、豊かな気持ちで「今日の一杯」を味わってもらう。そうした魅力づくりを、細部まで工夫している。

しかも、ドリンクだけではない。同店は、名物の「レアチーズケーキ」を始めとしたスイーツ、サラダのドレッシング、サンドイッチのマヨネーズ、さらには粒マスタードまで、すべて自家製だ。食べた人がちょっと豊かな気持ちになれる。そんな手作りならではのおいしさにも、『心ゆくまで「ほっ」としてもらいた

03 東向島珈琲店

い』という思いが込められている。

　さらに、こうした手作りの味を、38Pの写真で紹介した570円の「モーニングセット」でも味わってもらう。より日常的な利用が多い「モーニングセット」も、器づかいを含めて豊かさがある内容にし、地域の人たちに愛され続ける大人気商品になっている。

**小さなカフェの大きな可能性。
名物の「レアチーズケーキ」で、
さらなる一歩を踏み出す**

　大人気のカフェとなった『東向島珈琲店』だが、「これまでの道のりは改善の積み重ねで、どこまで行っても、"これで良し"というのはありません」と井奈波氏は話す。ネットの口コミなどで「素敵なお店」と評される同店だが、それは、現状に甘んじることなく、一歩一歩、前へ進んできた結果だろう。

　名物の「レアチーズケーキ」も、開業当初からは改良を加えている。生クリームをたっぷりと使ったおいしさは開業当時からだが、上にかけるフルーツのソースを改良するなどしてより魅力を高めていった。

　そして、同店の「レアチーズケーキ」は商業施設などのショップでも販売されている。評判が広がる中、「うちでも販売させて欲しい」という依頼を受けてのもので、2017年6月からは台湾の台北のカフェでも販売。

　「自店の商品を通して、外国の人たちとつながることができる。開業時は思いもしなかったことです。小さなカフェですが、この東向島という町を、東京の東エリアの素晴らしい文化を、より多くの人たちに知ってもらうきっかけになれたら、こんなに嬉しいことはありません」（井奈波氏）

　絶え間ない改善で大人気カフェとなり、いま名物商品でさらなる一歩を踏み出した同店は、小さなカフェにも、大きな可能性が詰まっていることを教えてくれる。

その日の気分に合わせて
「今日の一杯」を選んで欲しい

03 東向島珈琲店

商品解説例

ブレンドコーヒー

● プラージュブレンド…450円
2～3年乾燥、熟成させた豆を使用し、
一杯一杯丁寧に抽出いたします。
雑味がなく、香り豊かなブレンドコーヒーです。
毎日飲み飽きない味に仕上がりました。

● メールブレンド…450円
プラージュブレンドより、苦みを強調した
ブレンドコーヒーです。苦みの中に奥行き、
まろやかさ、コーヒー本来の甘さを感じて
頂ける味に仕上がりました。
クリーム、シュガーとよく合います。

アレンジコーヒー

● カフェオレ…500円（ice＋50円）
コーヒーの味を損なわずにお出し致します。
ホットには上にホイップを浮かべてお出しします。

● ウィンナーコーヒー…500円（ice＋50円）
メールブレンドの上にホイップクリームを
たっぷり浮かべました。
コーヒー、ホイップクリームの
両方の味をお楽しみください。

● 水出しアイスコーヒー…550円
1mを超える水出しドリッパーを用意しました。
13時間という時間が作り出す
コーヒーの味と香り。一切の雑味を
感じさせないアイスコーヒーです。

● カプチーノ…570円
ドリップタイプのカプチーノ。
シナモンスティックを添えて。
香りと味のかすかなバランスを重視しました。

● アイリッシュコーヒー…680円
アイリッシュウィスキーと
温めた水出しコーヒーのカクテルです。
上にホイップクリームを浮かべて。

● ブラン・エ・ノワール…680円
カルーアリキュールと
水出しコーヒーのカクテルです。
上にホイップクリームを浮かべて。

❶「プラージュブレンド」450円。オーナーの井奈波氏が、開業前に勤めた喫茶店が使っているものと同じコーヒー豆を使用。❷「カフェオレ」500円。ホイップを浮かべる。❸「水出しアイスコーヒー」550円。1mを超える水出しドリッパー（写真❺）で抽出。❶～❸の商品を含む右表の商品解説例は、メニューブックに記載されているもの。「その日の気分に合わせて、今日の一杯を選んで欲しい」という思いを込めた商品解説だ。❹「有機クラシックジンジャーソーダ」630円。有機で作られているベースをソーダで割る。他に「有機ザクロ＆アサイーソーダ」なども用意。❻農園や地区名を表記した「スペシャリティーコーヒー」も4種類用意。

35 ※価格は税込

フワフワのおいしさが大評判。
名物のレアチーズケーキ

↑ 名物の「レアチーズケーキ」430円。ブルーベリーソース、ラズベリーソース、季節のソース(取材時は紅玉リンゴのコンポート)の3種類から味が選べる。生クリームをたっぷりと使ったクリーミーな味わいと、フワフワの食感が大評判だ。

CHECK!

季節感も魅力

「レアチーズケーキ」の季節のソースは、春のイチジクソース、夏のマンゴーソースなど、季節ごとの味を楽しんでもらう。フルーツによって加糖して煮込むコンフィチュールや、白ワインで煮るコンポートにする。また、「レアチーズケーキ」は、「うちでも販売させて欲しい」という依頼を受け、他のショップにも卸している。そのために「冷凍して配送しても味が落ちない」レシピも完成させた。2017年6月からは台湾のカフェでも販売。それにあたってはオーナーの井奈波氏が現地に渡り、作り方を指導。

サンドイッチも手作りの味

03 東向島珈琲店

↑「タマゴサンド」530円。自家製のマヨネーズで和えた玉子のおいしさが魅力。カフェや喫茶店の定番商品だからこそ、手作りの味わいは価値が高い。皿に添える粒マスタードも自家製だ。

↑「自家製パテサンド」690円。ハムサンドに代わる同店らしい手作りの味として、自家製のパテを具にした。他に「自家製ガランティーヌサンド」690円も用意。

※価格は税込

地域に貢献！渾身のモーニングセット

この魅力的な内容で570円

⬆ 下町の土地柄に合わせた良心的な価格で、クオリティーの高い商品を提供する同店の魅力が詰まった「モーニングセット」570円。モーニングの時間帯は特に忙しくなるが、それでもコーヒーは2種類のブレンドコーヒーから選べるようにし、一杯一杯抽出。自家製ドレッシングのサラダや、自家製マヨネーズで和えた玉子で、手作りのおいしさも味わってもらう。「胃腸がすっきりして体が目覚める」。そんな効果が期待できる「ジンジャーシロップの水割り」をセットにしているのも、同店らしい心遣いのあるサービスだ。

ドレッシングを
テイクアウト販売

➡ サラダに使っているドレッシングは、「おいしいので家でも使いたい」という要望を受けて、テイクアウト販売も行なっている。

※価格は税込

03

東向島珈琲店

CHECK!

自店らしさを大事に

ドリンクだけでなく、サンドイッチなども評判が高い同店。「モーニングセット」だけでなく、「ランチセット」を提供しても人気になりそうだが、いまのところ、あえて行なわないでいる。「ランチの食事は時間が限られるお客様も多く、そうなると、どうしても、せわしくなってしまいます。お客様にほっとくつろいでもらうことを大切にしているので、ランチセットは難しい面があるのです」とオーナーの井奈波氏は話す。こうした考え方にも、自店が目指す魅力を大事にする姿勢がうかがえる。

「お客様が来店してくださるのは当たり前のことではない」。その思いを忘れずに

↑ 右からオーナーの井奈波康貴氏、アルバイトスタッフの磯貝一成さん、髙橋えりかさん。井奈波氏が、サービスに関してスタッフとともに共有しているのは、「お客様が来店してくださるのは当たり前のことではない。お客様がわざわざ店に足を運んでくださるのは、とても特別なこと。それを決して忘れることなく、一人ひとりのお客様をもてなす」ことだ。

❶オーナーの井奈波氏が、墨田区の「食のまちめぐり推進事業実行委員会」の委員長を務めていた時、地域の約50店舗の飲食店で英語表記のメニューを作成した。❷メニューには使用食材のマークも表示し、「食べられない食材」が使われていないかどうかも分かるようにした。

40

↑ 2017年、店舗を一部改装した際、テイクアウトに対応するためのコーナーを設けた。スタッフがテイクアウトの「レアチーズケーキ」を包装している間、椅子に腰かけて待ってもらえるようにした。

↑ 活版印刷職人によるワークショップを開催した際に使った道具をオブジェとして展示。同店では、地元のクリエイターたちが店に集まって話に花を咲かせることもある。「人と人とがつながることができるカフェ」。それも同店のモットーだ。

➡ 英語版と中国版のメニューブックも用意し、インバウンド対応も進めている。

※価格は税込

CASE 04

HATTIFNATT

● 東京・高円寺

SHOP DATE
住所：東京都杉並区高円寺北2-18-10
電話：03-6762-8122
営業時間：12:00〜23:00（日曜日は22:00）
定休日：不定休
客単価：1300円

20坪・40席

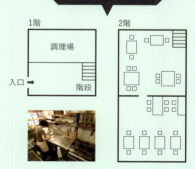

1階は調理場で客席は設けていない。来店客はオープンキッチンの調理場の横を通って2階に上がるので、「手作り感」を視覚的に伝えることができる。2階は平面図に記した客席の他に、2つのロフト席がある（6席と8席）。

「面白いカフェがあるよ」。
「ケーキや料理もおいしいよ」。
話題性とおいしさで繁盛！

小規模のカフェでも、話題性のある店は口コミで広く集客できる。それを物語る繁盛店が『HATTIFNATT（ハティフナット）～高円寺のおうち～』。「面白いカフェがあるよ」。「ケーキや料理もおいしいよ」。話題性とおいしさを兼ね備え、そんな評判を獲得している〝強い店〟だ。

カフェに限らず、繁盛する飲食店には「話題性」がある場合が多い。お客が「ワクワクする魅力」「誰かに伝えたくなる魅力」＝「話題性」がある店は、口コミで評判が広がりやすい。特に現代は、フェイスブックやインスタグラムなどのSNSに画像がアップされる。お客が思わず写真を撮りたくなる魅力があると話題になりやすい。カフェの集客においても話題性はますます重要になっている。

『HATTIFNATT～高円寺のおうち～』は、情報誌などで「メルヘンなカフェ」として紹介されることが多い。「まるで絵本の中にいるような空間」や「かわいいラテアート」が話題だ。同時に、

ケーキや料理は手作りにこだわり、そのおいしさも支持されて長年繁盛している。場所は東京・杉並区の高円寺駅から徒歩で約5分。1・2階合わせて約20坪の規模で、平均月商は10年以上に渡って300万円前後をキープする。思わず写真を撮りたくなる魅力が満載の同店は、SNSの口コミも追い風にしてさらに評判を広げている。

「童心に戻ることができる店」。
このコンセプトを形にし、
話題の店になった

『HATTIFNATT～高円寺のおうち～』は、パティシエのオーナー・髙嶋渉氏が2003年に開業。「中学生の時からブリキが置いてあるアンティークな喫茶店に一人で行っていた」という髙嶋氏は、「いつか、自分でも店を開きたい」と考えていた。同時に「大工になるのも一つの夢だった」という。祖父が大工で、父親は版画職人というモノづくりの家庭で育った髙嶋氏は、建築関係の学校にも通った。

そんな髙嶋氏が、「自分の店」と「大工」という二つの夢を一度に叶えたのが『HATTIFNATT』だ。同店は、髙嶋氏が自ら店舗デザインを考え、内装も手掛けた。いまでいうところの「DIY」で、髙嶋氏が大工仕事の腕をいかんなく発揮して、木の温もりを大切にした店舗を作った。

開業時からの同店のコンセプトは、「忙しい現代社会を忘れて童心に戻ることができる店」。高さが130cmしかない入口には、「小さなドアをくぐったら子供に戻って楽しんでもらいたい」という思いが込められている。

開業から2年後には、2階の客席を拡張した。拡張した客席の壁一面には、絵本作家としても活躍するマリーニモンティーニ作の絵が描かれている。店でクリエーターの作品展示を行なっていた縁で知り合い、描いてもらったものだ。動物たちの愛くるしい表情が印象的なアートな空間が加わったことで、「童心に戻ることができる店」というコンセプトが一層鮮明になり、同店はますます話題の店になった。

売れるモノには、
お客の心を動かす魅力がある。
それを学び、実践した

「来店してくれたお客様が、家に帰ってもう一度店のことを思い出し、話題にしたくなる。空間にしても、商品にしても、それくらいワクワクする店を作りたいと開業時から考えてきました」（髙嶋氏）。「ワクワクする」。「話題にしたくなる」。この魅力を髙嶋氏がとても重視するのは、独立前に勤めたケーキの製造・販売会社での体験によるところが大きい。当時、この会社のコンサルティングを手掛けていた有名パティシエと出会い、大事なことを教わったという。

それは、「売れる商品には、驚きや楽しさといったお客様の心を動かす魅力がある」ということ。ケーキで言えば、デ

コレーション、陳列の仕方、ネーミング一つで売れ行きが変わる。それを目の当たりにした。高嶋氏が自身の転機になったと語るこの経験が、空間から商品のヴィジュアル、商品名まで、随所に〝お客の心〟も楽しませる魅力を工夫している『HATTIFNATT』の店づくりに生かされている。

同時に、開業当初からおいしさにもこだわってきた。今回写真を紹介した商品からもそれがよく分かる。「メルヘンなカフェ」という噂を聞いて来店したお客が、ケーキや料理のおいしさにも満足してファンになる。そんな風に話題性とおいしさの両方で集客しているのが同店の強さだ。

「お客様に喜んでもらいたい」。 その思いの強さが、 長く愛される店を作る

高嶋氏は現在、現場を離れ、外側から店を見守る立場にある。スタッフに現場をまかせる体制にしたことで、70席の規模がある『HATTIFNATT～吉祥寺のおうち～』も出店し、他にギャラリーや雑貨店（ともに吉祥寺）も経営するまでになった。

高嶋氏が現場のスタッフに伝えていること。その一例が以下の内容で、新人スタッフにこんな風に話すという。

「僕が店を始めたばかりの頃、お客様が喜んでくれているのかどうか、気になって仕方がなかった。もっと喜んでもらいたいといつも考えていた。でも、店が忙しくなると、ただ作業をこなすだけの自分が当たり前になり、すごく反省した。経営者の自分でさえもそうなのだから、スタッフのみんなが高い意識を持ち続けるのは難しいことかもしれない。でも、お客様にもっと喜んでもらいたいという気持ちが大切なんだということに気づくと、きっと自分の成長につながる。仕事が楽しくなるよ」。この話からもうかがえるように、「お客様にもっと喜んでもらいたい」という強い思いを持ち続け、それをスタッフとともに共有してきたからこそ、同店は長く愛される店になったのだろう。

そして、『HATTIFNATT～高円寺のおうち～』のスタッフもこう語る。「オーナーは自分の考えを押し付けず、スタッフの意見を聞いてくれます。自分たちの考えが形になるので、とてもやりがいがあります。でも、一番大切なのは、自分たちの満足ではなく、お客様に喜んでもらうことです」。この言葉は、長く愛される繁盛店の〝強い現場〟を象徴している。

「長く続く店にしたい」
という思いを込めた内装

➡ 開業から約2年後に、2階の隣のスペースが空いたことから客席を拡張。拡張した客席の壁一面に、マリーニ モンティーニ作の絵が描かれている。マリーニ モンティーニは夫婦で活動するクリエーターで、絵本作家としても活躍している。

46

04

ハティフナット 〜高円寺のおうち〜

← 髙嶋氏が自らデザインし、内装も手掛けた店舗は、「長く続く店にしたい」という思いを込めて、年月とともに味わい深くなる木の温もりを大切にした。髙嶋氏は現在、リノベーションの仕事も手掛けている。

↓ オーナーの髙嶋 渉氏(右から4人目)と、『HATTIFNATT〜高円寺のおうち〜』のスタッフ。「お客様に喜んでもらいたいという気持ちが人一倍強いスタッフばかりです」と髙嶋氏は語る。現在、同店と、もう1店舗の『HATTIFNATT〜吉祥寺のおうち〜』の現場はスタッフにまかせ、髙嶋氏はギャラリーや雑貨店も経営。

47

作り立てのおいしさが魅力のケーキ

↑ モンブランのソースとフランボワーズを使った絵がかわいい「贅沢生チョコ焼き」500円。ベルギー産の高級チョコレートを使っている。生チョコをオーブンでじっくりと焼き上げて冷ましておき、注文ごとに生クリームを盛る。生チョコの下にもフランボワーズをしのばせている。

→ 生クリームは、ある程度のかたさまで仕込んでおき、注文ごとにケーキの種類に合わせて立て方を変えながら仕上げる。例えば、「贅沢生チョコ焼き」は、柔らかめに立てた生クリームが生チョコに合う。42Pの写真で紹介した「さくさくシフォンのバナナのショート」630円は、少しかために立てた生クリームをソース風に使う。また、「さくさくシフォンのバナナのショート」は、シフォンケーキの生地やバナナ、生クリームを、注文ごとに組み合わせて作る。こうした「作り立て」のおいしさ、フレッシュさが同店のケーキの魅力だ。

04 ハティフナット〜高円寺のおうち〜

↑「ふわふわシフォン」420円。ベーキングパウダーを使わず、卵の力だけでふわふわに焼き上げる。ふわふわで、なおかつしっとりとしているおいしさが評判。

↑「かぼちゃ君ちのモンブラン」530円。注文ごとにパイ生地の上にカスタードクリーム、冷たいリンゴをのせ、北海道産カボチャのクリームソースを絞る。リンゴはバターと砂糖とともに甘く煮て冷凍しておき、それを砕いて盛り込む。

> **CHECK!**
>
> ### バースデーケーキも大好評
>
> 同店では、前日夕方までの予約注文でホールケーキも販売。「いちごのデコレーション」や「オレンジのデコレーション」などを、2名用の3.5号（1500円）から6〜8名用の6号（4800円）まで4種類の大きさで販売している（テイクアウト不可。店内利用のみ）。同店の店舗の雰囲気が、バースデーを祝うのにマッチしていることもあり、若いカップル客やグループ客を中心にホールケーキの予約注文が入る。1日に3つくらいの注文が入ることもあり、誕生日利用のニーズを掴んでいる。

※価格は税抜

ボリューミーかつヘルシー。人気のタコライス

⬆ 挽肉ではなく「タコ」を使ったタコライス。フードプロセッサーで食感が残る程度の大きさにしたタコを、ニンニク醤油で炒めて具にしている。写真は「アボカドのタコライス」950円。ご飯は玄米で、上にタコ、チーズ、キャベツと水菜、玉子を盛り付け、1/2個分のアボカドをのせる。見た目はボリューミーだが、玄米のご飯は少なめにして野菜をたっぷり使用。ヘルシーなおいしさで女性客に好評だ。

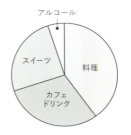

『HATTIFNATT〜高円寺のおうち〜』の
メニューの売上比率

➡ 以前は手打ちパスタも提供するなど、開業当初から力を入れてきた料理の売上が全体の約4割を占める。ケーキ、料理、ドリンクをフルで注文するお客も多く、平均客単価は1300円を確保。

50

04

ハティフナット 〜高円寺のおうち〜

❶7種類を用意するピザの中で、特に人気が高い「アンデスポテトとベーコンのピザ」1150円。具は皮付きのアンデスポテトとベーコンで、2種類のチーズと生クリーム、オリーブオイルを使ってコクのある味わいに。他に調味料は使わず、素材の味を生かしながら、ベーコンの塩気でおいしく食べられるピザに仕上げている。❷注文ごとにピザ生地をのばして作る。❸オーブンの中には、保温性が優れた石のプレートをセット。この石の上に置いて焼くことで、約3分の短時間で、おいしく焼き上がるようにした。

CHECK!

手作りと効率化のバランスも工夫

「個人店らしさを大切にしていますが、企業的な効率化もところどころで工夫しています」とオーナーの髙嶋氏は語る。例えば、ピザ生地は、冷凍状態で仕入れる生地を解凍して使う。質のよい冷凍生地を探して採用した。生地づくりは効率化しながら、注文ごとに生地をのばして作るひと手間は大切にし、クオリティーの高いピザを提供している。

同店の代名詞。
「かわいいラテ」でお客を笑顔にする

❶チョコレートソースを使うことで、表現豊かな絵を描く。❷レトロな「クリームソーダ」600円も、同店の雰囲気にぴったりのドリンクの一つ。

アルコール利用もできる店に

↑「アルコールの注文は多くはありませんが、"アルコールも楽しめる店"であることが、夜のお客様の利用の幅を広げています」（髙嶋氏）。写真は、赤ワインの「デカンタ」1500円と、グループで取り分けてつまみ感覚でも楽しめる「玄米きのこたっぷりドリア」850円。ドリアは、玄米のケチャップライス、塩と白ワインで味付けした3種のキノコ、ホウレン草、自家製の優しい味わいのホワイトソースが層になっており、全体をよく混ぜ合わせて食べてもらう。

↑ 写真の「しろくまくん」650円は、自家製キャラメルソースを使ったキャラメルミルクのラテ。当初は季節のラテだったが、好評だったことからグランドメニューに。ラテの種類は、スタッフのアイデアを生かしながら徐々に増やしてきた。そうした中、長年、不動の人気を誇るのが42Pの写真で紹介している「ほんわかカフェラテ」550円。

季節のカクテルも提供。写真は取材時の春から夏に販売した「太陽のフルーツワイン」（❸）と「ルビーなレスカ」（❹）各650円。カクテルも、見た目の驚きや楽しさを工夫し、お客を目でも楽しませる。

※価格は税抜

CASE 05

café vivement dimanche

● 神奈川・鎌倉

SHOP DATE
住所：神奈川県鎌倉市小町2-1-5
電話：0467-23-9952
営業時間：8:00〜19:00
定休日：水曜日・木曜日
客単価：8:00〜11:00…500円
　　　　11:00〜19:00…1100円

22坪・約30席

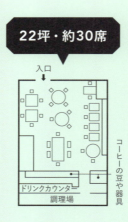

カフェの間口の広さと、
個人店の濃い魅力。
絶妙なバランスで進化し続ける

『café vivement dimanche(カフェ・ヴィヴモン・ディモンシュ)』はカフェブームの草分けと言われる人気店。オーナーの堀内隆志氏もコーヒーの著書を出版するなど、カフェ業界で知られた存在だ。そんな同店が、取材時に「これまでで今が一番忙しい」(堀内氏)というほどさらに繁盛。開業から長い時を経ても進化し続けている。

神奈川の鎌倉に『カフェ・ヴィヴモン・ディモンシュ』がオープンしたのは1994年。堀内氏が脱サラで27歳の時に開業した。鎌倉は有名な観光地だが、同店の立地はメインの通りから少し外れた場所。最初は苦戦したが、今も同店の名物であるオムライスのヒットなどで人気店に。札幌の「斎藤珈琲」から豆を仕入れるコーヒーのおいしさでも評判を獲得した。

また、堀内氏はブラジル音楽にも精通。ブラジル音楽のCDのプロデュースなどを手掛けてきた。2号店、3号店として出店したのは、ブラジル雑貨の店とブラジル音楽のCDショップだ。

そんな同店と堀内氏にとって転機となったのは6年前の2011年。大震災をきっかけに、「元々自分はマスターになりたくてカフェを始めた」という原点に立ち返り、「これからはカフェのマスターを全うしていこう」と決意を新たにした。雑貨店とCDショップを閉め、コーヒーを軸にしたカフェの経営に専念する。2010年から自家焙煎を始めていたのも理由の一つだ。

以来、堀内氏は基本的に毎日店に立ち、自身が一杯一杯ハンドドリップで淹れたコーヒーを提供。「以前よりもよい商品、よいサービスをお客様に提供できているという充実感があります」(堀内氏)という手ごたえが、「これまでで今が一番忙しい」という繁盛にもつながっている。店頭には連日待ち客の列ができ、約30席の規模で1日に240人も来店。堀内氏が淹れるコーヒーは1日に75~100杯にもなる。

店舗の空間、品揃え、価格。
そのすべてに幅広い層から
親しまれる魅力がある

堀内氏が開業時から大切にしてきたこと。それは「風通しの良い店」と堀内氏が表現するカフェの間口の広さだ。

「カフェには様々な目的のお客様が訪れます。できるだけ、それに応えようと心掛けてきました。おいしいコーヒーを飲みたい。それもカフェのお客様の目的ですが、例えば主婦のグループであればちょっと広い席でおしゃべりも楽しみたい。学生は軽食目当ての場合が多く、若いカップルはSNS用の写真を撮るのも目的です。さらに週末は食事目的のファミリーも増え、当店の場合、平日は修学旅行で鎌倉を訪れた小学生のグループもやってきます。とにかくカフェのお客様の目的は多岐に渡ります。その様々な目的に対して何かしら〝ひっかかり〟がある店だから、こうしてたくさんのお客様に利用していただけているのではないかと思っています」(堀内氏)

この言葉からも分かるように、同店の強さの秘訣は、様々な目的のお客に幅広く利用されている点にある。では、何がその魅力を生み出しているのか。

まず、店舗の空間は大事な要素だろう。同店の店舗はスタイリッシュ過ぎず、古くさくもない。温かみのある空間が幅広い層を受け入れており、客席も大小のテーブルを配している。そしてメニューも、写真で紹介したように食事から軽食まで魅力的な商品が揃う。価格も「観光地なのに割高感がなくて良心的」と評判で、その点が地元客からも支持される理由の一つだ。

こうして見ていくと、同店には確かに幅広い層に利用される魅力がある。長年の経営の中で同店が築き上げてきたカフェの魅力だが、もう一つ、見逃せないのは、個人店の〝濃い魅力〟もバランスよく備えていることだ。特に堀内氏が自ら焙煎し、毎日店に立って一杯一杯淹れるようになってからは、コーヒーの魅力がどんどん深まっている。

「中煎り」にはまるお客も。 親しみやすい売り方で コーヒーファンの裾野を広げる

自家焙煎を始めたのに合わせて、同店はコーヒーの品揃えを増やしてきた。ブレンドのコーヒー豆は、堀内氏がその焙煎技術をリスペクトし、目標としている「斎藤珈琲」のものを今も使いながら、堀内氏自身が「中煎り」「中深煎り」「深煎り」に焙煎したコーヒーを常時約15種類も用意している。

しかも、これだけこだわりのあるコーヒーを、より親しみやすい形で販売している。「風通しのよい店」であること

05 カフェ・ヴィヴモン・ディモンシュ

に変わりはないのだ。例えば、59Pで紹介したようにコーヒーの味を分かりやすく表現。「専門的な情報を載せることはいくらでもできますが、それだと多くの人には分かりづらく、自己満足になりかねません。お客様から質問されれば、喜んでお答えするというスタンスです」（堀内氏）。さらに、約15種類の自家焙煎コーヒーの価格は550円に統一。2杯目は300円で注文できる。「一杯目は飲み慣れた深煎りにし、2杯目に中煎りを試してみる」。そんな注文をきっかけに、豆の個性が出る「中煎り」のおいしさに目覚めるお客もいるなど、親しみやすい売り方でコーヒーファンの裾野を広げている。

カフェの本質的な魅力を追及しながら、新たなステージに進むチャレンジも続けてきた

同店は現在、自家焙煎したコーヒー豆の卸しやオンラインショップでの販売も行なう。以前から堀内氏が手掛けてきたオリジナルデザインのコーヒーミルなどもオンラインショップで人気だ。「オンラインショップは軌道に乗るのに時間がかかりましたが、今では以前営業していた2号店、3号店を合わせた売上を超えています」（堀内氏）というように、店舗は1店舗のみでも、ネットという現代の販路を活用して売上拡大にも成功している。

「これまで様々なことに挑戦し、時には失敗もし、大変なことがたくさんありました。それでも時代の変化に取り残されずに長く経営を続けていくためには、店と自分自身を常にレベルアップさせていくことが大切だと思います」（堀内氏）

90年代のカフェブームから昨今のスペシャルティコーヒーのトレンドまで、カフェ業界の様相やニーズは時代ごとに移り変わってきた。その中で、開業時からカフェの本質的な魅力を追及し、同時に新たなステージへと進む挑戦も続けてきた強い店。それが『カフェ・ヴィヴモン・ディモンシュ』だ。

ロースターとして
マスターとして、コーヒーを追求

↑ オーナーの堀内隆志氏。2010年からは自家焙煎も手掛け、カフェやイタリアンの店にコーヒー豆を卸すロースターとしても活躍。モーニングが終了する11時以降、毎日店に立ち、マスターとして一杯一杯ハンドドリップでコーヒーを淹れている。

コーヒーの紹介例

自家焙煎 HOME ROASTED COFFEE

【中煎り <Light Roast>】 フルーティな顔があります。

ホンジュラス・エル・ドゥラズノ
Honduras El Durazno Washed
…ハイブリッド種。COE入賞歴面。 ¥550 おかわり¥300

ホンジュラス・モンテシージョ
Honduras Montecillos Bourbon Washed
…ピーチティーのようなフレーバー。スッキリ。 ¥550 おかわり¥300

ホンジュラス・ロス・デセ오
Honduras Los Deseos Pacamara Washed
…トロピカルフルーツのようなフレーバー。 ¥550 おかわり¥300

ケニア・ングリエリ・AB
Kenya Ngurueri AB Washed
…ライムのような明るい酸味。 ¥550 おかわり¥300

エチオピア・イルガチェフ・G1・ナチュラル
Ethiopia Yirgacheffe G1 Natural
…中煎りで1番人気のコーヒー。衝撃的! ¥550 おかわり¥300

パナマ・ハートマン・ワイニー
Panama Hartmann Caturra Winey
…メロンのような香り。人気。 ¥550 おかわり¥300

※中煎りはアイスコーヒーにもできます！

【中深煎り <Dark Roast>】

ホンジュラス・パロ・セコ
Honduras Palo Seco Catuai Washed
…甘いチョコレートのような香り、クリアな余韻。 ¥550 おかわり¥300

ブラジル・ミナス・ジェライス・サンタ・カタリーナ
Brasil Minas Geraís Santa Catarina Natural
…毎日飲みたくなるような甘みのあるコーヒー。 ¥550 おかわり¥300

ブラジル・バイーア・シッチオ・タンケ
Brasil Bahia Sitio Tanque Pulped Natural
…チョコレート系の風味。程よい甘みとコク。 ¥550 おかわり¥300

コロンビア・イキラ・エル・ファルドン
Colombia Iquira El Faldon
…香り、コク、苦み、バランスのとれたコーヒー。 ¥550 おかわり¥300

グアテマラ・ペニャロハ
Guatemala Pena Roja Washed
…上品な苦みと質感。ミルクとの相性も良いです! ¥550 おかわり¥300

ペルー・サンペドロ・ブルボン
Peru San Pedro Bourbon Washed
…ビターでしっかりとしたコク。ミルクにも。 ¥550 おかわり¥300

【深煎り <Very Dark Roast>】

ホンジュラス・ロス・ピノス
Honduras Los Pinos Catuai Washed
…上品な質感とコク。 ¥550 おかわり¥300

インドネシア・マンデリン
Indonesia Mandheling
…甘みのあるマンデリンです。 ¥550 おかわり¥300

エチオピア・リム・G1・ナチュラル
Ethiopia Limu G1 Natural
…濃厚なコクはキャラメルのようです。 ¥550 おかわり¥300

↑ 自家焙煎コーヒーのメニュー。取材時は「中煎り」が6種、「中深煎り」が6種、「深煎り」が3種というラインナップ。堀内氏が現地まで買い付けに行ったホンジュラスの豆も使っている。右に紹介したのは、各コーヒーの味の紹介例。味をイメージしやすい表現にし、コーヒー通でなくても親しみやすくしている。

❶常時約15種類を揃える自家焙煎コーヒーの価格は一杯550円で統一。❷手前から「中煎り」「中深煎り」「深煎り」の豆。店で豆を購入するお客のために、それぞれの特徴を記したミニPOPを用意。

中煎り

◉エチオピア・イルガチェフ・G1・ナチュラル
中煎りで一番人気のコーヒー。衝撃的！
（※豆売りのPOPでは「まるでメロンパンのような香り」と紹介）

◉ホンジュラス モンテシージョ
ピーチティーのようなフレーバー。スッキリ。

◉ケニア・ングリエリ・AB
ライムのような明るい酸味。

中深煎り

◉ブラジル・ミナス・ジェライス・サンタ・カタリーナ
毎日飲みたくなるような甘みのあるコーヒー

◉ホンジュラス・パロ・セコ
甘いチョコレートのような香り。クリアな余韻。

深煎り

◉エチオピア・リム・G1・ナチュラル
濃厚なコクはキャラメルのようです。

※価格は税込

一品一品のクオリティーを大切にした料理

↑「オムレット・オ・リ」820円。開業当時からの名物で、チーズを加えて焼いた卵をのせる。たっぷりのソースと一緒に味わうご馳走感のあるオムライスだ。ハーフサイズ460円を用意しているのも好評。

楽しい小ワザ❶　紙ナプキンが"パラパラ漫画"

同店にはお客を楽しませる遊び心がある。紙ナプキンは外と中のイラストがパラパラ漫画のように変化。

05 カフェ・ヴィヴモン・ディモンシュ

↑「ムケッカ」820円。ココナッツミルクで煮込んだ魚貝と野菜を、ご飯と一緒に混ぜて食べるブラジル・バイーア地方の料理。ヤシ油の香りが特徴で、別皿にヤシの実も添える。

↑「モンタンデラのサンドイッチ」560円。ハムのモンタンデラを、鎌倉の人気パン店から仕入れるソフトフランスで挟む。

CHECK!

食事メニューは少数精鋭

同店が「食事」として用意するのは計4品のみ。以前はもう少し多かったが、7年前に品数を絞った。「品数を減らしてメニューをスリムにしたことでクオリティーが安定し、一品一品の内容は濃くなっています」(堀内氏)という少数精鋭のメニューだ。調理は主に堀内氏の妻・千佳氏が担当。「自分が得意ではない人の教育なども妻がフォローしてくれたからこそ、ここまでやってこれました」と堀内氏は語る。

楽しい小ワザ❷ 角砂糖の包み紙が8種

角砂糖の包み紙は、デザインした言葉が異なる8種類を用意。

※価格は税込

エスプレッソドリンクで営業する「朝ディモンシュ」

CHECK!

さりげなく「ブラジル」

堀内氏はブラジルの文化を愛し、ブラジル音楽を紹介するラジオのDJも以前から続けている。ただし、「店ではそうした僕のマニアックな部分は消しています（笑）」という。心地よい音楽としてBGMにブラジル音楽を流し、時にはラジオを聞いて来店したお客と会話が弾むが、そうした部分を強く打ち出すことはせず、あくまでもさりげなく、店のエッセンスの一つにしている。

↑ 朝の8時〜11時のモーニングで提供する「エスプレッソ（S）」と「ワッフル」の「セット」500円。モーニングの「ワッフル」はプレーンにバターをのせて提供。モーニングも店頭に待ち客の列ができることが多い。

❶モーニングで提供するエスプレッソドリンクも自家焙煎の豆を使用。「中煎り」と「中深煎り」の2種から選べるようにして、エスプレッソドリンクの魅力も広げている。❷モーニングはバリスタの田口淳也氏（写真）と水口さか氏を中心に営業。自宅で自家焙煎も行なっている堀内氏は11時から店に立つ。

ワッフルのスイーツも名物の一つ

「ゴーフル」（ワッフル）を用いたデザートも同店の名物の一つ。写真の「ティラミス」670円は、エスプレッソに浸して冷したワッフルの上に、マスカルポーネを加えたクリームをのせる。

※価格は税込

「もっと喜んでもらいたい」という思いを表現

↑→「カフェ・クレーム」600円。アイスコーヒーは瓶に、ミルクはピッチャーに入れて提供。グラスには、アイスコーヒーが薄まらないようにコーヒーで作った氷を入れる。コーヒー豆型の製氷皿を使って作る。「開業する前にいろいろな喫茶店を見て回ったのですが、氷が多くて味が薄まっているアイスコーヒーなど、意外にがっかりすることが多かったのです。もっとお客様に喜んでもらうために、自分なら何ができるのかを考えながら店づくりを行なってきました」(堀内氏)。その思いが特に表現されている一品だ。

楽しい小ワザ❸

パフェの旗の絵柄が色々

「パフェ・ディモンシュ」に使う旗は、絵柄が異なる数種類を用意。デザイナーの小野英作氏によるものだ。様々な分野の人たちと交流を深めてきた堀内氏の人脈が、店づくりの随所に生かされている。

← 「パフェ・ディモンシュ」610円。コーヒーゼリー、コーヒーアイス、コーヒーのグラニテが入ったコーヒー尽くしのパフェ。1日に50個も売れ、写真を撮影するお客が多い。

コーヒーの豆や器具の販売も好調

店内でも販売しているコーヒー豆やコーヒーミルなどの器具は、オンラインショップでも人気だ（http://dimanche.shop-pro.jp/）。堀内氏はオリジナルデザインのコーヒーミルを作り、また、ブラジル音楽を日本に紹介してきたが、そうした取り組みのベースには、「コーヒーや音楽で、豊かな気持ちになってもらえれば」という思いがある。

※価格は税込

CASE 06

moi

● 東京・吉祥寺

SHOP DATE
住所：東京都武蔵野市吉祥寺本町2-28-3
　　　グリーニイ吉祥寺1F
電話：0422-20-7133
営業時間：11:30（土日祝12:00〜）〜19:00
定休日：火曜日
客単価：1000円

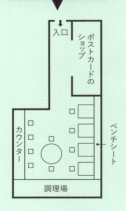

10坪・14席

「北欧カフェ」の先駆け。
テーマがある店の強さを磨き、
長年ファンに愛され続ける

　東京・吉祥寺にある『moi（カフェ モイ）』は、「北欧カフェ」の先駆けだ。空間と商品で「北欧」の魅力を発信し、ファンが通い続けたくなる心地よさを常に心掛けて長年、人気を集め続けてきた。同店の店づくり、商品づくりには、テーマがあるカフェの〝強さの磨き方〟を見ることができる。

　和をテーマにした和カフェを始め、ハワイアンカフェやアジアンカフェなど、カフェには様々なテーマの店がある。こうしたテーマのあるカフェは、店の個性や特徴がお客に伝わりやすい。いわゆる差別化を図りやすいのが、テーマがあるカフェの長所だ。

　『moi』のオーナー・岩間洋介氏も、開業時に考えたのは、「北欧」をテーマにすることで店の特徴を打ち出すことだった。「お客様に来ていただくには、何かしらフックになるものが必要だと思いました。ちょうど自分自身が北欧デザインなどに惹かれていたこともあり、北欧をテーマにしたのです。地元の人たちと北欧好きの人たち。両方に利

用してもらえる店を目指しました」（岩間氏）。店名の『moi』は、フィンランド語の「ハーイ、こんにちは」という挨拶の言葉から名付けた。

　同店は2002年に東京・荻窪に開業し（6坪）、2007年に吉祥寺に移転（10坪）。移転してからも、開業時に目指した店の在り方は変わっておらず、地元客だけでなく、わざわざ電車で訪れる北欧好きの人たちも集まる店として長年人気を集めている。

空間づくりで工夫したのは
「ベタな感じにはしないこと」。
北欧の空気感を大切にした

　店のテーマを設けても、当然ながら必ず人気店になれるわけではない。人気店には、ファンに愛される店づくり、商品づくりの工夫がある。

　『moi』が、まず空間づくりで工夫したのは、「ベタな感じにはしないこと」。北欧の調度品を並べ立てるようなベタな感じではないのである。北欧好きの人が店を訪れれば、「これは北欧の空

気感だ」と感じ取ることができる。そうした空間が支持されている。

　北欧デザインは、「シンプルだけど冷たくない。どこかしら温かみがある」（岩間氏）のが魅力。それは同店のデザインコンセプトでもあり、真っ白な壁と木の温もりが調和した空間だ。「ここまで壁が真っ白だと落ち着かない方もいるので、飲食店の店舗の基本からすると掟破りなのかもしれません。でも、普通っぽくないのがカフェらしさだとも思っています。何より嬉しいのは、この空間を気に入り、北欧に興味を持ち、ファンになってくれたお客様が多いことです」（岩間氏）。

　2002年の開業当時は、まだ今ほど北欧は注目されていなかった。北欧ブームと呼ばれるのは、同店が開業してから何年か後のことだ。今でこそ、北欧の家具や雑貨が人気となり、北欧のライフスタイルに興味を持つ人も増えたが、開業当時、北欧というテーマはマイナーだった。

　そうした中で岩間氏は、「なぜ北欧なのですか？」といった質問にも気さくに答え、北欧に新たに興味を持ってくれるお客とのつながりも大切にした。北欧旅行に役立つようにと、荻窪ではフィンランド語の講座も行なった。元々の北欧好きだけでなく、来店をきっか

けに北欧に新たに興味を持った人たちもファンになる。そんな「北欧カフェ」として、人気が広まっていったのである。

「他の店にないもの」を提供する。北欧カフェとして、個人店として、その価値を追求

　「せっかくmoiに来たのだから、スイーツや料理でも北欧の魅力に触れたい」。そんな目的客が多い同店では、ドリンクと合わせてスイーツや料理の注文が入る場合が多い。それが1000円の客単価を確保することにもつながっている。北欧カフェとして、また個人店として、「他の店にないもの」を提供するという価値づくりを大切にし、評判を獲得しているのである。

　例えば、開業時から人気の「フィンランド風シナモンロール」は、岩間氏がフィンランドで食べて感激したおいしさを再現したもの。甘さが控えめで、シナモンだけでなくカルダモンの香りが利いている。素朴ながらも味わい深い。そんな北欧らしいテイストを味わえるシナモンロールだ。カルダモンは、本場と同様に粗挽きのものを使用。日本では入手が難しいため、ホールのカルダモンを購入し、それをわざわざ粗挽きにしている。シンプルなシナモンロールも、

68

こうした細かいこだわりが、「他の店にないもの」という価値を生んでいるのである。

他にも、「スカンジナヴィアンホットドッグ」や「北欧風タルタルサンド」などは、岩間氏が現地で食べたものをベースにイメージを膨らませて開発。岩間氏のアレンジが加わっているが、細かい部分で本場の味にこだわっているのは同じだ。さらに、数年前からは「フィンランドごはん」を提供。料理研究家の西尾ひろ子氏の監修の元、フィンランドの家庭料理の味を再現したものだ。北欧カフェの専門性を高める新たな評判メニューになった。

できるだけ〝変えない〟ことが、常連客にとっての心地よさ。ツイッターでもお客とつながる

『moi』は吉祥寺駅から徒歩で7分ほどかかる場所にあるが、現在、来店客の半分以上は、地元以外からのお客が占める。北欧カフェの魅力が、それだけ多くの目的客を掴んでいるのである。しかも、地方などの遠方からわざわざ訪れるファンも少なくない。

そうした中で岩間氏は、できるだけ〝変えない〟ことを大切にしているという。自店の空間や商品を気にいって

ファンになってくれた常連客にとって、いつ訪れても、以前と変わらない店であることが、ほっと安心できる心地よい店だと考えるからだ。

また、2010年くらいからツイッターでも情報を発信。遠方の常連客とも、ツイッターならいつでも北欧の話題などをやりとりすることができ、今では岩間氏にとって欠かせない情報発信のツールになっている。

「お客様とのつながりを、より密にしていきたい」。今、岩間氏が特に大切にしている思いだ。それは北欧カフェの先駆けとして人気を集めてきた同店がさらに魅力を深め、〝北欧カフェの老舗〟へと歩みを進めていくための原動力になるに違いない。

シンプルだけど温かい。
北欧のエッセンスが詰まった空間

❶❷同店の客席に使われている椅子は、フィンランドの建築家アルヴァ・アアルトがデザインした「チェア69番」。「シンプルだけど冷たくない。どこかしら温かみがある北欧デザインを象徴した椅子です。この椅子から店舗全体のデザインを考えました」とオーナーの岩間洋介氏は語る。北欧の澄み切った空気を感じるような真っ白い壁が印象的な空間だが、椅子に座った目線の位置には木の素材を配し、"木に囲まれている"温かみも感じてもらえるようにしている。同店のデザインは、建築家の関本竜太氏が担当した。❸小さなハロゲン照明を多用した"柔らかい光"も印象的。白い天井に反射させている外光も、太陽の位置で光の角度が変わり、時間ごとに店内の光の雰囲気が少しずつ変わっていく。「北欧の人たちは、冬が長いこともあって、光の使い方、楽しみ方が上手なんです。そうした北欧の文化を意識しました」(岩間氏)。

↑ 吉祥寺に移転したのに合わせてポストカードのショップを併設した。ポストカードの購入のみの利用も可。

CHECK!

「自分の時間を作る心地よさ」を感じて欲しい

ポストカードを買って、店内で葉書を書く。同店は、そんな利用のされ方もしている。コーヒーなどを飲みながら、葉書を書いて過ごす時間は、デジタルの時代だからこそ、アナログならではの豊かさがある。「ポストカードで、自分の時間を作る心地よさを感じてもらえればと思いました。それは、ちょっとした工夫で生活の中に豊かな時間を生み出す北欧のライフスタイルにも通じるものなのです」と岩間氏は語る。また、ポストカードは、夏は海やヒマワリ、冬は雪やクリスマスといった風に、季節ごとの絵柄が並ぶ。客席が常に変わらない「静」の空間であるのに対して、ポストカードのコーナーは季節ごとの移ろいがある「動」の役割を果たしている。

北欧の食文化に触れることができるメニューが人気

↑「フィンランドごはん」。料理研究家・西尾ひろ子氏の監修の元、フィンランドの家庭の味を再現した。単品（1000円）の他、ドリンクがセットになるランチメニュー（1200円）でも人気だ。内容は、牛・豚の赤身肉のおいしさを生かした「ミートボール」、日本人の舌に合わせて少しアレンジを加えた「きのこパイ豆乳仕立て」、「ディルポテト」、「北欧ピクルス」、「リンゴンベリージャム」、「胚芽パン」、「ヨーグルト」。

➡「スカンジナヴィアンホットドッグ」830円。北欧ではホットドックの屋台が多く、その味をベースに開発した。パリッと焼いたソフトバゲット、スイートピクルス、フライドオニオンなどを用いるのが本場のスタイルだ。長いソーセージを使ってボリューミーなホットドックに仕上げている。皿に一緒に盛るヨーグルトは、ジャムで花柄のデザインを描く。北欧で花柄が親しまれていることからこのデザインに。

※価格は税込

販促❶

同店は北欧の魅力を発信するカフェとして人気を集めているが、経営面でも売上の確保につなげる効果的な販促をいくつか行なっている。その一つが、北欧スタイルの食事メニューとドリンクをセットにした同店ならではのランチメニュー。ランチタイムの集客アップにつながっている。

おいしいコーヒーで"喫茶店文化"も大切にしてきた

↑「あたたかいコーヒー」570円と「フィンランド風シナモンロール」390円。この組み合わせの注文は、写真の特注の皿に盛る。シナモンロールは、フィンランドでは家庭ごとのレシピがあるというほどポピュラーで、岩間氏も現地で食べさせてもらった家の人にレシピを教わった。ケイタリングのパン工房を営む知人にレシピを伝え、生地から手作りして焼き上げてもらっている。

CHECK!

「深煎り」一本で勝負

「最近のコーヒートレンドとして、中煎りの人気が高くなっていますが、当店では"深煎り"一本で行こうと思っています。何といっても、自分が好きなコーヒーが"深煎り"なので。使っているコーヒーの豆は、深煎りならではのコクがあり、なおかつ、苦みがすっと消える感じの飲み心地のよさもあるので、お客様にも好評です」(岩間氏)。

❶「おいしいコーヒーを提供する"喫茶店文化"も大切にしてきました」と岩間氏は語る。北欧カフェという個性を打ち出しながら、ベースの部分で喫茶店文化を大切にしてきたことも、同店が長年人気を集める理由だ。❷コーヒーは徳島の「aalto coffee(アアルトコーヒー)」の深煎りの豆を使用。注文ごとに豆を挽き、一杯一杯、ハンドドリップで淹れる。

販促❷

「あたたかいコーヒー」も、「つめたいコーヒー」も、300円で「おかわり」の注文ができるようにしている。注文しやすい手頃な価格で「おかわり」ができるようにし、客単価アップにもつなげている。

※価格は税込

"大人に喜ばれる"ナチュラルな味わい

↑「青リンゴのクリームソーダ」720円。ナチュラルな味わいの青リンゴシロップを使っている。"大人に喜ばれるクリームソーダ"。そんな味わいを工夫している。他にも、甘さが控えめで爽やかな味わいの「エルダーフラワーソーダ」670円などが、中心客層の30〜40代の女性に好評だ。

販促❸

ドリンクのメニューに、プラス100円でアイスクリームをトッピングできるようにしている。夏場に喜ばれているサービスで、客単価のアップにも。ミニPOPでアピールしている。

❶❷焼き菓子が人気の『WILL cafe』(国立市)に作ってもらっている「スコーン」520円と「シフォンケーキ」520円。スコーンは、生地のおいしさ、食感のよさに感激するお客が多く、リピート注文が多い。「シフォンケーキ」は、岩間氏が「北欧の森のイメージで作って欲しい」とリクエスト。ローズマリーとミントがほんのりと香るおいしさが好評だ。

スタッフも北欧好き♡

アルバイトスタッフの岩本真利奈さん。大学院で建築関係の分野を学んでおり、北欧デザインが好きだったことから同店で働くようになった。同店のアルバイト募集は、岩間氏がツイッターで行なう。岩間氏のツイッターは北欧に関心のある人が見ているので、スタッフも北欧好きが集まっている。岩本さんも岩間氏のツイッターを見て応募した。

販促❹

誕生日月の利用客は、飲食代を10％OFFにしている。店頭に貼っているPOPでも告知し、新規客の来店のきっかけにもなっている。サービスの際は、誕生日が分かるものを提示してもらう。

> お誕生日が今月のお客様
> **お誕生月割引**
> カフェでのご飲食代が
> 当該月中は何度でも
> 10％OFFになります

※価格は税込

CASE 07

BERG

●東京・新宿

SHOP DATE
住所:東京都新宿区新宿3-38-1 ルミネエスト B1F
電話:03-3226-1288
営業時間:7:00〜23:00
定休日:無休

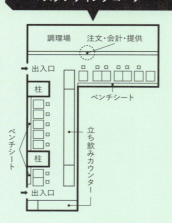

15坪・27席
＋スタンディングコーナー

1日に1500人が来店！
個人店ならではの早い、安い、
「旨い」で圧倒的な人気を誇る

　新宿駅の改札近くにある『BERG（ベルク）』は、1日に1500人ものお客が来店する。81Pに写真を紹介した「ブレンドコーヒー」200円や「生ビール」300円、モーニング（78P左下の「モーニングミール」はコーヒー付・450円）を始めとした〝安くて旨い〟商品で圧倒的な人気を誇る。1990年の開業から28年。同店の〝個人店らしさ〟は今の時代にますます輝きを放っている。

　乗降者数が日本一の新宿駅。その新宿駅の東口改札から徒歩15秒の場所に、セルフサービスの「BEER&CAFE」の店、『ベルク』はある。連絡通路から少し奥まっているので意外と見つけづらいが、今や同店は新宿の有名店。「新宿に来たらベルクに寄る」。そんな〝ベルクファン〟がたくさんいる。客層が非常に幅広いのも、1500人という驚異の客数を誇る理由だ。性別、年齢、職種、国籍を問わず、幅広い客層に利用されている。営業時間の朝7時から夜11時まで、客足が途絶えることは

ない。

　同店は、〝日本一の立地〟とも言える特別な場所にある。しかし、それゆえに個人店は姿を消し、周辺には大手のチェーン店が多数出店している。その中で圧倒的な人気を集め続ける同店は、個人店の強さを再認識させてくれる存在だ。本書ではそんな『ベルク』の〝個人店力〟に注目したい。

味に惚れ込んだ
〝三大職人〟とともに歩み、
「旨い」の評判を獲得した

　出社前に朝のコーヒー一杯を楽しむ通勤客。毎日のように決まってモーニングを注文する常連客。朝からビールをおいしそうに飲み干す夜勤明けの利用客。朝の時間帯だけでも、『ベルク』は思い思いのスタイルで利用されている。ベルクファンに同店の魅力を聞けば、きっと幾通りもの答えが返ってくるだろう。15坪の小さな店のテーブル席とスタンディングコーナーを、多種多様な人たちが埋め尽くす独特の雰

※価格は税別

囲気も、同店の個性になっている。

「がむしゃらにやってきたら、いつの間にか面白い店になっていて、自分たちから見ても不思議な魅力がある店です」。『ベルク』の共同経営者、井野朋也氏（店長）と迫川尚子氏（副店長）はそう話す。独特の雰囲気も意図したわけではなく、「様々な要素が複雑に溶け合っている」という。

そうした中で、二人が明確に意識し、店づくりで何よりも大切にしてきたこと。それが「味」だ。味は個人店の生命線とよく言われるが、「早い」「安い」が基本のセルフサービス業態で、それこそ、がむしゃらに「旨い」も追及してきたのが『ベルク』なのである。

それを象徴しているのが同店のコーヒー、パン、ソーセージだ。86Pの写真でも紹介した〝ベルク三大職人〟から仕入れる本格的な味が評判を集めてきた。

「今でこそ少しはうんちくを語れるようになりましたが、開業当時、食の知識はさほどありませんでした。それでも、自分たちが納得の行く味をお客様に提供したいという思いは、当時も今も変わりません。それぞれの職人さんたちも、自分たちが味に惚れ込み、お付き合いが始まりました」（井野氏）。

味に惚れ込む。『ベルク』と〝三大職人〟を結び付けたのは、その真っすぐな熱意だった。「よりおいしいもの、より安全なものをお客様に提供する」。この思いを共有し、〝三大職人〟による『ベルク』の商品は進化も遂げてきた。『ベルク』という個人店と、それぞれの職人が営む個人店。個と個の密なつながりが『ベルク』の旨さを生み出しており、それはまさに個人店ならではの強い商品づくりと言える。

経営の鉄則から外れても メニューを増やしてきた。 そして新たなファンを開拓

セルフサービス業態の『ベルク』は、提供時間は長くても3分までが基本だ。効率面だけを考えれば、メニューを絞るのが鉄則のような業態である。

しかし、同店はその逆だ。フードもドリンクも種類を増やしてきた。ランチの集客増に成功した「ジャーマンブランチ」（写真・84P）や、日本酒ファンに喜ばれている選りすぐりの純米酒（88P）など、増やした商品で新たなファンを開拓してきたのである。最近では、新商品のベーグルのサンドイッチがファンの間で話題になった。

井野氏と迫川氏は、「新しいことをやる時が一番楽しい」と口を揃える。新

商品の開発は、自身のモチベーションにもなっている。また、増やしてきた商品は、社員スタッフが中心となって開発したものも多い。開発した商品には〝三大職人〟やスタッフの思いも詰まっている。

「自分やスタッフが仕事に飽きれば、それは必ずお客様に伝わります。そうならないためにも常に味の改善や新商品について考えることが大切ですし、時にはちょっとした遊び心があっていいと思っています。メニューを増やせば手間は増えます。でも、商品の一つ一つに愛着があるので、面倒ではあっても決して嫌ではないのです」(井野氏)

個人店が日々の忙しさの中でも、「お客様に喜んでもらいたい」という初心を忘れず、長く店を続けていく。そのための店と気持ちの在り方を、井野氏の言葉はリアルに言い表している。

〝個人店の意地〟がある。
商品力を支える舞台裏には、
日々の工夫と努力がある

元々、『ベルク』は、時間がない通勤客をターゲットにして開業した。通勤客に支えられてきたという思いもあり、1杯200円のコーヒーなど、いくつかの主力商品は開業当時からの価格を頑なに守っている。同店は原価率を約45％かける薄利多売の経営だが、そうした数字だけでは語れない〝個人店の意地〟が同店にはある。

一方で、食材が値上がりする中、一部の売れ筋商品を少し値上げするなどし、メニュー全体の原価率を調整することも行なってきた。個人店の意地をギリギリまで通しながら、利益も確保する。そんな経営バランスも見逃せない点だ。

また、品数が豊富なだけでなく、カレーやホットドッグのチリソース、ラタトゥイユなどはすべて手作り。それらをわずか2坪ほどの調理場で営業の合間に仕込む。そのため、仕込みは緻密なタイムスケジュールで行なう。提供が遅れないように冷蔵庫内の整理整頓なども徹底している。それは文字通り、『ベルク』の商品力を支える舞台裏で、同店の強さを語る上で欠かせないスタッフたちの日々の工夫と努力が詰まっている。

※価格は税別

昔も今もずっと手探り。
一言で表現できない店。
だから『ベルク』は面白い

↑『ベルク』の共同経営者、井野朋也氏(店長)と迫川尚子氏(副店長)。元々は1970年に井野氏の父親が同店の場所で純喫茶を開業。1990年に純喫茶を大改造して現在の『ベルク』が誕生し、井野氏は経営者兼店長に。迫川氏も同年から共同経営に参加した。迫川氏は写真家としても活躍する。

CHECK!

セルフ業態で大事なこと

セルフサービス業態の『ベルク』では、スタッフは基本的に調理場の中にいるが、「調理場の中からでも客席に目を配る」ことを心掛ける。何かあれば、すぐに客席に出て対応する。それが大事なのだ。比較的、客席に目を配りやすいレジを担当するスタッフは、特にその役割が大きい。また、せっかちなお客もいるので、「お気をつけてお運びください」と声をかけることも多い。

⬆ 客席はテーブル27席の他はスタンディングのカウンター。開業当初は、立って飲食することに抵抗のあるお客が多く、特にランチタイムは苦戦したが、今はスタンディングコーナーを好んで利用するお客が増え、女性一人客も多い。そんな『ベルク』について井野氏は、「様々なお客様が、思い思いのスタイルで利用してくれていて、どういう店なのかを一言で表現するのは自分も難しいのです。昔も今もずっと手探りで、だからこそ、店をやり続けてこれたのだとも思っています」と話す。

安くて本格的。"ベルクらしさ"で愛される商品に

↑「ジャーマンブランチ」(ホットコーヒーorハーブティー付)580円。レバーパテとポークアスピック、バケットとライ麦黒パンなどにコーヒーをセットでき、『ベルク』の"三大職人"の味が一度に楽しめる。パテがまだ一般的ではなかった頃に販売を開始したこともあり、最初はなかなか売れなかったが、今では大ヒット商品に。ランチの集客アップに大貢献した。一般的ではない料理も、「このおいしさをお客様にも知って欲しい」と思えば商品化し、売れるまでは辛抱するのが同店のやり方。「ジャーマンブランチ」でお酒のつまみになる内容を工夫しているのも"ベルクらしさ"で、「ビアセット」「ワインセット」710円も用意。

①

②

↑「エッセンベルク」(ホットコーヒーor ハーブティー付)780円。レンズ豆のサラダや大麦を使ったスープをセット。30種類の食材を使っているのが魅力で、女性客のファンを増やした商品だ。

❶「ベルクドッグ」290円。「なにもつけないでお召し上がりください」を謳い文句にするほど、素材そのもののおいしさで勝負。❷「ラタトウイユ」380円。トマトで煮るのではなく、オリーブオイルで野菜をおいしく食す。そんな味わいが好評。❸「焼きソーセージ&クラウト」440円と「ヴァイスブルスト」600円。白いソーセージ、「ヴァイスブルスト」は、注文ごとにお湯で温めて提供。同店が基本とする提供時間を超える商品だが、その上品なおいしさ、舌触りのよさから商品化。「少し待ってもらってでも、ぜひ味わって欲しい」。いくつか、そうした商品があるのも同店の「味」のこだわりだ。

※価格は税別

| ここがスゴイ ❶ |
| 食材 |

同店が"ベルク三大職人"と呼んでいるのは、コーヒー職人の久野富雄氏(コーヒーファクトリー代表取締役社長)、ソーセージ職人の河野仲友氏(マイスター東金屋主人)、パン職人の高橋康弘氏(峰屋主人)。井野氏と迫川氏が、その味に惚れ込んで付き合いがスタートした。

❶店頭に"三大職人"の写真を掲示したのは15年以上も前のこと。『ベルク』は生産者の写真をいち早く掲示した店である。❷手前の粉がブレンド用。同店が使用するコーヒーマシンの特性に合わせた、香り高いオリジナルブレンドを作ってもらっている。奥はエスプレッソ用。❸河野氏からはハムやパテも仕入れており、写真は「コッパハム」。❹モーニングに使用する上質な山型パン。

ここがスゴイ❷
調理場

07
ベルク

❺調理場は2坪ほどしかないが、計画的な仕込みで各種ソースなどを手作りする。冷蔵庫内の整理整頓なども徹底している。❻コーヒーマシンは最近、新タイプを導入。さらにおいしいコーヒーを提供するために、以前よりもひと手間かかるタイプに敢えて切り替えた。❼「生ビール」は、よりおいしく味わってもらうために三回に分けて注ぐ。この「三度注ぎ」もファンの間では有名だ。1杯300円の価格を守りながら、注ぎ方にもこだわり、1日に300〜400杯の注文が入る。❽モーニングを中心に、焼き立てのパンを提供する機器も大活躍。

※価格は税別

使い慣れると、どんどん楽しくなる！

❶右が「今月のワイン」300円で、左は「日替わり純米酒」。日本酒をグラスで提供しているのは20年以上前からだ。❷純米酒は唎酒師の資格も持つ迫川氏が選んでいる。❸❹ヴァンナチュール（自然派ワイン）のワインやクラフトビールも用意。今日はちょっと贅沢に。そんなお酒の楽しみ方もできる。

比較的新しいメニュー4品。❺即席リゾットのようなおいしさを味わえる「味の形スペシャル」500円。❻スモークにしんを具にした「キッパーラップ」350円。❼2017年に提供を始めた「ベーグルサンド」（日替わり）360円〜。❽リピーターが多い「極上和牛のコーンドビーフ」630円。同店はフードもドリンクも、お客が使い慣れてくると自分好みの注文パターンを発見できる楽しさがある。その魅力が多くのファンを掴む。

ここがスゴイ❸

店の歴史

❾2017年7月に27周年を迎えた。毎年の「記念祭」も大盛況だ。❿ベルクファンにはお馴じみの「ベルク通信」。井野氏と迫川氏の他、スタッフも執筆に参加。壁に貼り、持ち帰ることもできるようにしている。毎月欠かさず発行し、写真は280号。23年以上続いており、『ベルク』の歴史そのものだ。⓫井野氏と迫川氏は、ともに自身の著書でも『ベルク』について詳しく記しており、迫川氏は新宿が舞台の写真集なども出版。

CASE 08

UNCLE SAM'S SANDWICH

●東京・上野毛

SHOP DATE
住所：東京都世田谷区上野毛3-1-3
電話：03-3704-8578
営業時間：火曜〜金曜11:00〜16:00、18:00〜23:00
　　　　　土日祝日11:00〜18:00
定休日：月曜日（祝日の場合は営業）
客単価：1200円

15坪・26席

"店の軸"がブレない経営で
40年間、愛され続ける
サンドイッチ専門店

　ここ数年、ボリューミーなサンドイッチがトレンドだ。サンドイッチの店が増えているが、『UNCLE SAM'S SANDWICH（アンクルサムズ サンドウィッチ）』が開業した1978年当時、同店のようなアメリカンスタイルのボリューミーなサンドイッチ専門店は非常に珍しかった。以来、40年間、同店が愛され続ける秘訣は、"店の軸"がブレない経営にある。

　「お客さんの要望に応えていたら、いつの間にかメニューが増えてしまった」。飲食店ではそんなケースが少なくない。メニューを増やすことが間違っているとは限らないが、それによって「何が売り物なのか」がぼやけてしまうと、結果的にお客に魅力が伝わりにくい店になってしまう場合もある。

　メニューに限らず、サービスにしても雰囲気にしても、しっかりとした"店の軸"を持つことが必要だと言われる。ブレない魅力が長く通ってくれるファンを増やす。"店の軸"がブレない経営。それは口で言うほど簡単ではないかもしれないが、小規模で強い店をつくるために大切にしたい考え方だ。

　『アンクルサムズ サンドウィッチ』は、東京・世田谷区の上野毛にある。オーナーの木内 恵氏が夫とともに1978年にオープン。夫の他界後も木内氏が店を続け、2017年に開店40周年となった。東急大井町線の上野毛駅の周辺は住宅街で、同店は人通りが少ない場所にあるが、アメリカンスタイルのサンドイッチ専門店として、長年、多くのファンに愛されている。

　その秘訣を木内氏は、「初心を忘れず、開業時からずっと同じスタイルを守ってきたのが良かったのではないかと思っています」と語る。同店のアメリカンスタイルのボリューミーなサンドイッチは、そのご馳走感、満足感の高さで人気だ。しかし、日本人にとってサンドイッチは軽食のイメージが強い。「サンドイッチが1000円もするの？」、「パスタはないの？」などと言われたことが多々あったという。それでも、「サンドイッチで勝負する」という信念を貫き、長年の評判を築いてきたのである。

店の売り物に自信を持つ。
"二回目のお客様"が、
自信の支えになった

　同店のサンドイッチには、開業時から変わらないこだわりがある。それが98～99Pの写真とともに紹介した注文ごとに焼き上げるパンや、アメリカンスタイルのボリュームだ。例えば、看板商品の「B.L.T」は、焼いたベーコンとともにたっぷりのレタスとトマトをパンで挟む。見るからにすごいボリュームだが、これを思いっきり頬張れば、シャキシャキのレタスやジューシーなベーコン、ソースが混然一体となったおいしさが楽しめる。アメリカンスタイルならではのおいしさだ。

　「自分が本当においしいと思えるものを、自信を持ってお客様にお出しする。それがまず大切だと思います」と木内氏は話す。自店の売り物の商品にどれだけ自信を持つことができるか。それが、"店の軸"がブレない経営の土台になるのだろう。ただし、自信はあってもお客に受け入れてもらえなければ、店を続けることは難しい。木内氏も、「お店がヒマになると、やり方が間違っているのではないかと考えてしまうことが何度もありました」と言う。

　そうした中で、自信の支えになったのが"二回目のお客様"だ。「一度来店してくれたお客様が、二回目も来店してくれたということは、商品やお店を気に入ってくれたということです。だから、お客様が二回目も来店してくれた時は、本当に嬉しいですね」(木内氏)。

　"二回目のお客様"がどれだけいるか。確かにそれは、店がどう評価されているのかを知るための大事な判断基準。常に忘れないようにしたい視点だ。

「お客様」「スタッフ」
「業者」「地域」…。
すべては人と人とのつながり

　長年、店を守ってきた木内氏には、揺るがない思いがある。「何よりも大切

なのは人です」という思いだ。

「お客様とのつながり。スタッフや業者の方とのつながり。地域とのつながり。すべて最後は人です。長く店を続けていると、人と人とのつながりが、いかに大切かがよく分かります」（木内氏）。そんな思いは、木内氏のちょっとした行動にもよく表れている。

例えば、高齢のお客が二人で来店し、サンドイッチを二つ注文したとする。そんな時は、「うちのサンドイッチはボリュームがあるので、一つだけ注文して半分ずつお召し上がりになられたらいかがですか」と声をかけ、大変喜ばれている。

また、業者の人が、夏の暑い日などに荷物を届けてくれた際は、冷たいお水を出して労をねぎらう。地域の祭りなどに協力し、「この町のおかげで、お店がある」という感謝の気持ちも忘れないようにしている。

木内氏にとって、これらは特別なことではない。目先の利益を追うのではなく、人と人とのつながりを大切にしているから自然とできることなのだろう。そして、木内氏の姿を見て、スタッフも、お客様目線の気遣いを心掛け、スタッフ同士で互いに助け合いながら仕事をすることを学ぶ。そうして、長年、変わることのない「人ありき」の店づくりが、

お客が通いたくなる〝温かさ〟を生み出している。

ブレない軸を持ちながら、時代の変化にも適度に、前向きに対応する

「店の軸がブレないことは大切ですが、時には時代の波に乗ってみることも必要です」。木内氏がそう語るように、同店には柔軟性もある。例えば、数年前、フレンチトーストがちょっとしたブームになった。そのトレンドに合わせてアメリカンスタイルのフレンチトーストを開発して人気商品になっている。闇雲にメニューを増やすことはしないが、時代に合わせた魅力づくりも工夫してきたのだ。

また、最近では、ネットの口コミを見て来店するお客も多いという。常連客と違って、店員とのコミュニケーションを求めない若者も多いが、「それも時代です。来店してくれることがとてもありがたいですし、感謝の気持ちは同じです」と木内氏は語る。

〝店の軸〟がブレない経営とは、頑なに変化を拒むことを意味するのではない。適度に、前向きに、時代の変化を受け入れていくことの大切も同店は教えてくれる。

> 店は「人ありき」。いつの時代も、
> それは変わらない

↑ オーナーの木内 恵氏(中央)と、アルバイトスタッフの星 靖子さん(右)と内村しをりさん。スタッフは同店が好きで働き始めた人が多い。「長く働いてくれるスタッフが多く、人に恵まれていることに感謝しています。店を長く続けていく上で何よりも大切なのは人です」と木内氏は語る。

❶

❷

08 アンクルサムズ サンドウィッチ

❶❷東急大井町線の上野毛駅を出て、環状八号線を渡ってすぐのところに立地。人通りの少ない場所ながら、1978年の開業から40年間、評判を集め続けている。❸❹床、カウンター、テーブル、椅子まで、木を用いた温かみのある内装は、ほぼ開業当時のまま。定期的にワックスをかけてしっかりと手入れを行なっている。「古い店だからこそ、掃除が欠かせません。掃除も、長年の経営の中で特に大切にしてきたことの一つです」(木内氏)。

ボリューミーで旨い。
ご馳走のサンドイッチ

↑「ミートローフ」のサンドイッチ(1100円)。合挽肉、玉ネギ、セロリ、香草などで作る自家製ミートローフのおいしさが評判だ。

➡ サンドイッチは、「PREMIUM」「MEAT」「HAM」「BACON」「CORND BEEF」「TURKEY」「EGG」「TUNA」などのカテゴリーで多彩なバリエーションを揃える。

08 アンクルサムズ サンドウィッチ

↑「ホウレンソウ・タマゴ」のサンドイッチ（1000円）。サンドイッチの具としては意外性のあるホウレン草だが、一度食べるとファンになるお客が多い商品の一つだ。フライパンで卵と一緒にホウレン草を炒め合わせてからパンで挟む。同店のサンドイッチは、テイクアウトの人気も高い。数年前、店から歩いて行ける場所に区立公園の「二子玉川公園」ができてからは、テイクアウト利用がさらに増えている。

❶子供客などには、サンドイッチを包むシートを提供。シートに包んで食べると、具やソースがこぼれず、子供でも食べやすい。ちょっとした心遣いが喜ばれている。
❷平日のランチは、サンドイッチとサラダ、ドリンクのセットも用意して好評。ランチのセットでは、グランドメニューでは提供していないサンドイッチを月替わりで提供している。

97 ※価格は税別

看板商品は「B.L.T」。
長年、変わらないこだわりがある

注文ごとに鉄板で焼く
カリッ、フワッのパン

↑ サンドイッチのパンは、注文ごとに調理場にある鉄板で焼く。鉄板で外はカリッと、中はフワッと焼き上げるパンのおいしさが、同店のサンドイッチの大きな特徴になっている。使用するイギリスパンは、砂糖を使わず、小麦粉、塩、水で作ったもの。このイギリスパンが具材の味を引き立てる。レシピを渡してパン職人に焼いてもらったものを、一枚一枚、手切りで程よい厚みにカットして使う。

たっぷりの
シャキシャキ野菜

↑ 看板商品の「ベーコン・レタス・トマト（B.L.T）」1100円に使用する野菜は、シャキシャキのレタスと厚く輪切りにカットしたトマト。

08 アンクルサムズ サンドウィッチ

ベーコンは1人前に100g

❶「B.L.T」には約100gのベーコンを使用。❷❸ フライパンでソテーしたベーコンを、レタス、トマトとともにパンで挟む。ジューシーなベーコンを、たっぷりの野菜とともに味わうのが「B.L.T」の醍醐味だ。レタスの上にマヨネーズベースのソースをかけている。サンドイッチは半分にカットして皿に盛り付ける。❹「B.L.T」の完成写真(90Pにも掲載)。チーズが加わる「B.L.T.C」1200円も人気だ。

↑「B.L.T」のイラストを描いた店頭の看板。

CHECK!

例えば野菜が高騰しても、クオリティーは落とさない

「クオリティーを落とさず、常に同じものを提供するように心掛けてきました。例えば、野菜が高騰した時などは原価的に厳しいのですが、だからといって量を減らしたり、質を落としたりすると、お客様の信頼を失いかねません。そういう時は我慢ですね。原価が上がっても、我慢して同じクオリティーのものを、お客様にお出しする。やせ我慢かもしれませんが、店を長く続けていくためには、そうした一時期の我慢も必要なのではないかと思います」(木内氏)

※価格は税込

おつまみスタイルの提供法を考案

➡ お酒のつまみとしても、サンドイッチを楽しめるように、パンと具を別々にした提供法も考案。適当な大きさにちぎったパンに具をのせ、カナッペ風に食べてもらう。写真は「アボカド・ジェノバチキン」1000円。ジェノベーゼソースで味付けした鶏肉がお酒によく合う。

種類を増やしたフレンチトーストも人気商品

数年前、フレンチトーストがちょっとしたブームになったのに合わせて、以前から提供していたフレンチトーストの種類を増やした。中でも、チョコレートソースをたっぷりとかけるアメリカンスタイルのフレンチトーストが人気だ。「ハーフサイズ」も用意して好評。

08 アンクルサムズ サンドウィッチ

← 「アメリカンポテト」1000円。コンビーフとジャガイモの相性がよく、お酒が進むつまみとして人気が高い。

→ ビールは、生ビールの他に「バドワイザー」なども用意。ビールの他にも、ワインやカクテルなどと一緒にサンドイッチを楽しむお客が少なくない。

CHECK!

"貴重な声"をキャッチする

「これまでを振り返ると、お客様や知人から貴重なアドバイスをもらったことが何度もありました」(木内氏)。そうした"貴重な声"をキャッチすることも、長く店を続けていくための秘訣の一つだろう。そして、「大事なのはやはり笑顔と明るさ。お店に来ていただいたお客様が元気になれる店でありたいと思っています」と木内氏は話す。

※価格は税別

CASE 09

adito

● 東京・駒沢

SHOP DATE
住所：東京都世田谷区駒沢5-16-1
電話：03-3703-8181
営業時間：12:00〜24:00(L.O. 23:30)
定休日：水曜日（祝日の場合は営業）、年始
客単価：1200円

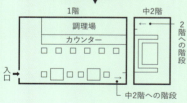

15坪・33席

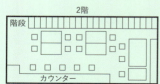

開業から15年以上。
住宅街で老若男女に支持される
"カフェごはん"の強い店

東京・駒沢の『adito（アヂト）』は、家のようにくつろげる空間と、「特別な料理ではないけど、きちんとおいしい」をポリシーとしたメニューが、老若男女に支持されているカフェ。駅から徒歩で20分かかる住宅街にあるが、その不利な立地を客層の広さでカバーし、2002年の開業から15年以上、地域に根づいている。

カフェは女性客が多いこともあり、「カフェごはん」や「カフェめし」と言えば、「女性向けのお洒落なメニュー」というイメージがある。実際、パスタやワンプレートランチなど、ちょっと洒落た感じのするメニューを主力にしているカフェが多い。

しかし、それはあくまでも「カフェごはん」の一面だ。改めて、そう言いたくなるカフェがある。ブリ大根、肉じゃが、豚角煮、自家製ぬか漬、焼そば、味噌汁付きの丼定食…等々、見た目よりも味重視の家庭的な料理を揃え、老若男女に支持されている「カフェごはん」の強い店があるのだ。

それが、東京・駒沢の『adito』である。駒沢の住宅街で、近隣の大学の学生から一人暮らしの会社員、子供連れのファミリーからシニア層まで幅広い層を集めており、その原動力になっているのが、広く、長く愛される同店の「カフェごはん」だ。

コンセプトの根底にあるのは、
「気負わず、気軽に利用できる
ファミレス感覚のカフェ」

『adito』は女性オーナーの小林ゆかり氏が、会社勤めを経て2002年に開業。「自分が好きなことをやらないと長続きしないと思いました。だから、基本的には店舗もメニューも、自分がお客として"こんな店があったらいいな"というイメージを形にしたものです」と小林氏は話す。

まず店舗は、客席を1階・中2階・2階で構成。一軒家を生かしたクリエイティブな空間だが、「あえてダサくした部分」もあるという。お洒落であることよりも、「お客様が家のようにくつろげ

て、長居したくなること」を大切にした空間なのだ。

　そして、この空間とともに、カフェのドリンクやスイーツだけでなく、定食店や居酒屋と見間違う品揃えの料理を魅力にしている。その独特な店づくりの発想は、とても興味深い。

　「私は老若男女に親しまれるファミレスはすごいと思うのです。変に気負うことなく、いつでも気軽に利用できるファミレス感覚のカフェ。開業時から意識してきたのは、そんなコンセプトです。また、女性客がお洒落な料理だけを求めているかといったら、そんなことはないはず。私自身がそうですが、女性だって豚角煮を頬張りたい時もある。でも、女性一人で居酒屋には行きにくい。だったら、カフェで食べることができたら喜んでもらえるのではないか。そんな思いもあり、日常の中でふと食べたくなるような料理を、きちんとおいしく提供するカフェにしたいと考えました」（小林氏）

　『adito』という店は、女性オーナーの〝男前〟な発想から生まれた「ありそうでない。でも、確かに潜在ニーズがある」カフェなのである。しかも、同店のメニューは、「きちんとおいしい」手作りの料理を、豊富に品揃えするための経営的な知恵と工夫も詰まっている。

40種の料理を揃えながら、食材のムダを出さないメニュー設計を工夫

　『adito』は選ぶ楽しさを重視し、料理だけで約40種類を用意する。料理の種類が増えると、それだけ食材のロスが出やすくなるが、同店では「ほぼロスゼロ」だ。ムダを出さないメニュー設計が綿密に練られた品揃えなのである。

　例えば、同店の揚げ物には、付け合わせの色どりでよく見かけるレタスが使われていない。レタスは傷みやすくて価格の変動も大きく、また「見た目よりも実のあるものにお金をかけたい」（小林氏）からだ。使用食材のきめ細かい取捨選択から、ムダが出ないメニューにしているのである。

　同時に一つの食材を、いろんなメニューに上手に応用している。例えば、キャベツは、焼きそばなどに使うだけでなく、108Pの写真で紹介したコロッケの付け合わせにも活用。炒めたキャベツをソースとともにコロッケに添え、〝実のある〟付け合わせにしている。

背伸びをせず、やれることをしっかりとやる地に足のついた経営

「長く利用してもらえるように、いつ来ても変わらないことを大切にしたい」。そうした思いもあり、同店は開業時からメニューをほとんど変えていない。開業時のコンセプトが、地域客に受け入れられた証でもあるが、一方で進化させてきた部分もある。

その代表例が大人気の「大人様定食」880円だ。数種類から選べる丼に、小鉢2種と味噌汁がつく定食で、ご飯の麦めしは大盛りも無料でサービス。同店らしい実質感のある内容で、日々種類が変わっていく多彩な創作丼の内容は進化し続けている。「変わらない」ことを大切にしながら、こうした意欲的な商品開発も行なっていることが、来店客を飽きさせない理由の一つだろう。

また、仕入れや仕込みも改善を加えてきた。長く店を続けていると、現状のやり方に疑問を感じなくなりがちだが、同店は作業時間の短縮につながる改善などを常に心掛けてきたのだ。例えば、スジ煮込みのスジ肉は、以前は3度ほど茹でこぼすところから仕込み、かなり手間と時間がかかっていた。しかし、現在は、茹でこぼしの作業が仕込み済みで、なおかつ質のよいスジ肉が見つかったことから、それに切り換えている。

「仕入れ原価は上がりましたが、その分、お金では買えない時間を確保できました。手作りのおいしさを大切にしていますが、だからといって無理をし過ぎたら長続きはしません。背伸びをせず、自分たちができる範囲でやれることをしっかりとやる。店舗もメニューも、そして働く自分たちも自然体であることが、結果としてお客様に長く利用してもらえることにつながれば、それが理想です」(小林氏)

同店は、店頭に看板を出しておらず、『adito(アヂト)』という店名の響きからは尖った印象も受ける。だが、店の中身は、地域客からの厚い信頼を得ている、しっかりと地に足のついた実力店だ。

お洒落であることよりも、
くつろげることを大切にした

①

②

③

アヂト

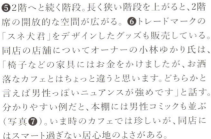

❶❷窓からの見晴らしがよい2階席。ゆったりとくつろげる椅子を配している。❸❹1階はカウンター席が主体。1階のみ「ペットと小さいお子様同伴可」にしている。1階の奥の階段を上がった場所に、大きなソファを配した中2階席を設けている。

❺2階へと続く階段。長く狭い階段を上がると、2階席の開放的な空間が広がる。❻トレードマークの「スネ犬君」をデザインしたグッズも販売している。同店の店舗についてオーナーの小林ゆかり氏は、「椅子などの家具にはお金をかけましたが、お洒落なカフェとはちょっと違うと思います。どちらかと言えば男性っぽいニュアンスが強めです」と話す。分かりやすい例だと、本棚には男性コミックも並ぶ（写真❼）。いま時のカフェでは珍しいが、同店にはスマート過ぎない居心地のよさがある。

特別な料理ではないけど「きちんとおいしい」。その魅力が強さに!

↑「コロッケ」770円。豚挽き肉やジャガイモで作る素朴なコロッケだが、隠し味に生クリームやマルサラ酒も使っている。素朴な家庭料理に見えて、実はさりげなくプロのひと手間も工夫している。同店にはそんな料理が多い。コロッケの下には炒めたキャベツをソースとともに添える。キャベツと一緒にコロッケを食べてもおいしい。

→ 料理のアラカルトメニューは、「おつまみ」「おかず」「野菜もん」「ホットサンドもん」「ご飯もん」「汁もん」のカテゴリーに分けて約40種類を用意。各料理は、「ごはん汁セット」(麦ごはん・ぬか漬・今日の汁)360円を注文することで、定食として楽しめるようにしている。

↑「だし巻玉子」720円。卵を5個使って作る。大根おろしを別添えにせず、上にのせてそのまま食べることができるようにしているのは、本などを読みながらの"ながらごはん"でも食べやすいという理由から。こんなひと工夫にも、「家のようにくつろいで欲しい」という同店のコンセプトが反映されている。

❶何も飾らない見た目からも味で直球勝負していることが分かる「ぶり大根」770円。オーナーの小林氏は関西出身で、醤油の風味ではなく、だしの風味をしっかりと利かせた関西風の味付けが好評。❷「自家製ぬか漬衆」670円。日本人であることを実感させてくれる家庭的な料理を、手作りでおいしく提供する同店を象徴するメニューの一つ。ぬか漬の野菜は人参、ナス、大根、セロリ、キュウリ。野菜は大ぶりにカットしてあり、「ポリポリ」と野菜の食感を楽しみながらサラダ感覚で味わえる。

※価格は税込

カフェドリンクもほっこりできる

➡「アヂ珈琲」560円。フレンチプレスのポットで提供している。コーヒーは1杯半ほどの分量があり、ほっこりくつろいでもらう同店のスタイルにマッチしている。地元にある焙煎の有名店に、同店用のオリジナルブレンドを作ってもらっている。「ごはんと一緒でも飲みやすい酸味のないタイプで、コーヒーだけを飲んでもしっかりとコーヒーらしさを味わえる」。そんなコーヒーだ。

①

②

❶「美肌系すっぱめハーブ茶」720円。紅茶ではなく、ほうじ茶にオリジナルブレンドのハーブを合わせている。「和」を基本とする同店らしいドリンクだ。玄米茶を使った「壮健系すっきりハーブ茶」も用意。❷「パンケーキ・フランス」770円。おやつ感覚を大事にしたパンケーキで、生地は薄めながらももっちりとした食感だ。上にのせる「キャラメル林檎」も生のリンゴから作る自家製。他に、「黒蜜バナナ」をのせる「パンケーキ・台湾」など6種のパンケーキを揃える。

← 取材時の「牛タントマト煮丼」の「大人様定食」。牛タンの他、人参や里イモなども加えたトマト煮を麦めしにのせる。創作丼は、「丼の中での味の調和」を大切にしており、トマト煮にはコールスローを添えている。日替わりの小鉢や味噌汁も好評で、写真は「かぼちゃゴマあえ」「中華切干」「ホウレン草味噌汁」。木で統一したセンスのよい器づかいも、「大人様定食」の魅力を高めている。

➡ 多い日には来店客の5割が注文する人気商品が「大人様定食」880円。写真は取材時のメニューで、選べる数種類の丼は肉系と魚系を用意する。当初、「大人様定食」の丼の種類は1種類（日替わり）だったが、仕入れや仕込みを工夫して種類を増し、少なくとも3種類、多い時は6種類から選べるようにした（日替わりではないが、随時、内容は変えていく）。これまで開発してきた創作丼のバリエーションは軽く300を超える。

CHECK!

平日と土日の差を踏まえた"経営のリズム"を築く

同店は立地柄、1日の客数が平日（約50人）と土日（約100人）でかなり差がある。平日と土日で客数の差があると、経営の舵取りが難しいとも言われるが、同店はそれを逆手にとった"経営のリズム"を築いている。料理の仕込みは、平日にしっかりと行なっておき、土日は一切行なわなくてよいように準備。そうすることで、体力的にも精神的にも、忙しい土日の営業に対応しやすくしている。

※価格は税込

ちょっと特別なメニューでも
ファンを増やす

➡ グランドメニューは、あえて「特別な料理」ではなく「日常の料理」を主体にしているが、「限定もん」というコーナーを設け、特別な素材を使ったり、トレンドを意識した「特別なメニュー」も提供している。このメニューバランスも同店の魅力を高めている。写真は、「熟成焼き芋あんバターサンド」1600円(みたらしキャラメル・+100円)。収穫後、蔵で寝かせて旨みを増したサツマイモで作る焼き芋を取り寄せて使用。自家製「あんバター」が熟成焼き芋のおいしさを引き立てている。

09
アヂト

❶店長の藤田有加氏と社員の日野彰三氏。二人もオーナーの小林氏も関西出身で、同店のメニューには「関西カフェ」の魅力も。関西魂を感じる「スヂ煮込み」を活用して作る「スヂ玉めし」720円（写真❷）は、そんなメニューの一つ。

CHECK!

「誠実な対応」が「信頼」に

同店はメニューの種類が豊富だが、日々の食材管理や計画的な仕込みで、「常にどれ一つとしてメニューを切らさない」ように努力している。「わざわざ来てくれたお客様への誠実な対応」である。内容が変わっていく「限定もん」のメニュー情報も、フェイスブックなどを活用して告知。「限定もん」を楽しみに来店してくれるファンに対応している。

113 ※価格は税込

CASE 10

Café Angelina

● 東京・世田谷

SHOP DATE
住所：東京都世田谷区世田谷1-15-12
電話：03-3439-8996
営業時間：11:30〜翌2:00
定休日：月曜日、年末年始
客単価：昼850円、夜1500円

15坪・30席

114

ランチ、喫茶、ディナー、お酒。
幅広い利用で愛される秘訣は
地域密着の"誠実な経営"にアリ

　東京・世田谷の住宅街に立地する『Café Angelina（カフェ アンジェリーナ）』。創業27年の同店は、開業時から洋食メニューにも力を入れ、「ランチ」「喫茶」「ディナー」「お酒」の幅広い利用で愛され続けてきたカフェだ。その人気の秘訣は、地域密着の"誠実な経営"にある。

　ドリンクやスイーツだけでなく、料理にも力を入れているカフェは、喫茶利用だけでなく、ランチやディナーの食事利用、さらにはお酒利用も掴めるチャンスがある。幅広い利用に対応できるのが、料理にも力を入れるカフェの強みだ。

　しかし、例えば洋食に力を入れれば、当然ながらメニューは洋食店とバッティングする。洋食系の店は、ファミリーレストランを始めとした大手チェーンも多く、そうした競合に飲み込まれないカフェならではの魅力や個人店らしさが大切になる。また、個人カフェが店を長く続けていくために必要なのは、地域客からの信頼感。料理に力を入れて、ランチ、喫茶、ディナー、お酒とい

う幅広い利用を掴めるかどうかも、地域密着の"誠実な経営"を続けることができるかどうかが重要だ。

　そのことを教えてくれる長年人気の店がある。それが『カフェ アンジェリーナ』だ。同店の最寄り駅は東急世田谷線の世田谷駅。都心から外れた住宅街で、地域密着の経営を続けているカフェだ。

　同店は洋食に力を入れ、11時30分〜14時30分までは、料理とドリンクをセットにしたランチメニューを提供。14時30分〜19時の間も、喫茶利用だけでなく、食事利用ができる品揃えにしている。さらに、19時〜翌2時まではつまみ料理もラインナップ。カフェの弱い時間帯と言われる夜の営業時に満席になることもあり、一日通して地域客に親しまれている。

空間でカフェの魅力を表現。
洋食に力を入れるが、
そこがまず洋食店とは違う

　オーナーの櫻井 昇氏は長野県出身で現在56歳。23歳の時に上京し、ア

ルバイトで東京・下北沢の喫茶店で働いたことが、将来の道を決めることになった。その喫茶店は、元々、櫻井氏が大好きだった西洋骨董を店舗に用いた店で、メニューは洋食にも力を入れていた。櫻井氏はアルバイトながら調理を担当して腕を磨く。そして、「将来、自分が何で身を立てていくのか」を真剣に考えた際に、「自分でもカフェを経営したい。この店と同じような雰囲気とメニューでお客様に楽しんでもらいたい」という思いを固める。

櫻井氏は大型トラックの運転手をして出店資金を稼ぎ、500万円を貯めた。足らない分は実家の協力も得て借り入れをし、27歳の時に『カフェ アンジェリーナ』を開業する。1990年のことである。店舗に用いた西洋骨董の古時計や照明、椅子などは、櫻井氏が自らヨーロッパに買い付けに行った。

「当時、この街では珍しすぎて、お客様が入りづらい店だったようです」。そう櫻井氏が振り返るように、西洋骨董が印象的な空間は、開業当初こそ、すぐに受け入れられたわけではなかったが、その後は同店の欠かせない魅力になっていく。「西洋骨董のある空間で、リラックスしておしゃべりも楽しんで欲しい」。そんな思いが詰まった空間が、長年、地域客に親しまれてきた。それ

は、"空間"を大切にするカフェの魅力だ。同店は洋食に力を入れているが、そこがまず、街場の洋食店とは異なるのである。

人と人とのつながりを大切にしてきた。そこに個人カフェならではの魅力がある

『カフェ アンジェリーナ』には、櫻井氏を「マスター」と呼んで慕う馴じみ客がたくさんいる。馴じみ客との会話では、「ほぼ私は聞き役です」という櫻井氏だが、その気さくで温かい人柄が慕われているのだろう。それを象徴するのが、毎年行なってきた周年パーティー。今や同店の恒例イベントだ。馴じみ客が店に集う年1回のパーティーを、櫻井氏自身もとても楽しみにしている。このパーティーで、櫻井氏は自作の紙芝居も毎年披露。人と人とのつながりを大切にする個人カフェの姿がそこにはある。

そして、開業から27年、櫻井氏が何より大切にしてきたことは、「日々真面目に。お客様を裏切らない」という一言に尽きるという。例えば、営業時間をきちんと守る。店の都合で安易に定休日にしたり、営業時間を変更したりしない。その当たり前のことを真面目に

続けることが、地域の人たちからの信頼につながる。そうした真摯な姿勢で、11時30分〜翌2時までの通し営業を27年間守り続けてきたのである。

また、通し営業を続ける上で心掛けてきたことを、櫻井氏は以下のように話す。「夜の営業で高いワインなどの注文が入ると売上が上がります。でも、お酒の売上ばかりに目を奪われると、その他が疎かになりかねません。当たり前のことですが、ランチも、喫茶も、ディナーも、お酒も、すべて大事なお客様。そこを見失わないようにしてきました。経営的な面でも、お酒の売上はどうしても日々の波が大きく、一方で地域の人たちが日常的に利用してくれるランチは比較的安定しています。地域で長く必要とされるために、夜が忙しい時などもそれを言い訳にせず、昼の営業を大切にしてきました」。この言葉からも、地域密着の〝誠実な経営〟が、長年、支持される秘訣であることが分かる。

適度に休息を取りながら通し営業。いい意味での〝個人店の緩さ〟もある

料理を品揃えしても、その商品力が低ければ地域客の支持は得られない。毎日、どの時間帯も安定しておいしい料理を提供する。そのための経営努力も『カフェ アンジェリーナ』が長年人気を集める大きな理由だ。同店は櫻井氏が一人で調理を行なう。一人体制で多彩な料理のおいしさを維持するポイントは、手作りと効率性を両立する仕込みの工夫だ（121Pの商品写真解説・123Pのチェック欄参照）。「ずっと試行錯誤です」と櫻井氏が言うように、仕込みのやり方に日々知恵を絞り、限られた人員とスペースでも手作りのおいしさを魅力にしてきたのである。

また、一方で櫻井氏は、「暇な時は、奥の調理場の椅子に座って休んでいることも多いですよ。時々、寝てしまうのですが…笑」と話す。途中、店を閉めて休憩時間にするよりも、そうやって適度に休息を取りながら通しで営業する方が性に合っているのだという。同店の身上は〝誠実な経営〟だが、だからといって張り詰めた空気の真面目すぎる店ではない。いい意味での〝個人店の緩さ〟もある。それが、多くの人に愛され続ける、同店の〝柔らかい空気〟を作り出しているのだろう。

ランチはお値打ちなセットが人気

↑「LUNCH MENU」の「お魚料理(日替わり)」990円。スープやライス、コーヒーも付いて税込1000円以内のお値打ち価格で提供する。取材時の魚料理は「カジキマグロのソテー」。生クリームとコンソメスープで作るソースをかけ、カジキマグロの下には茹でた青菜を敷いている。野菜もバランスよく食べることができる内容が好評だ。その他の主な「LUNCH MENU」は119Pの表に記したラインナップ。開業時から根強い人気の「ヤキニク」は、ご飯に合うタレで炒めた豚肉が好評。「チキンカレー」は他の商品より価格は高めだが、同店自慢の一品だ。ランチはセルフサービスでスープをお替り自由にしている点も喜ばれている。

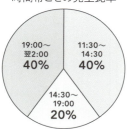

時間帯ごとの売上比率

19:00～翌2:00 40%
11:30～14:30 40%
14:30～19:00 20%

↑ 料理に力を入れる同店はランチと夜の売上比率が高い。夜の営業時は、食事利用からお酒利用、コーヒーやスイーツの喫茶利用まで、思い思いのスタイルで地域客に利用されている。

← オーナーの櫻井 昇氏。店の奥にある厨房で調理を一人で担当しながら、手が空いた時は客席に顔を出し、馴じみ客と気さくに会話を交わす。妻の桜井かおり氏も、東急世田谷線・松陰神社前駅近くにある人気カフェ『café Lotta（カフェロッタ）』を経営している。

10 カフェ アンジェリーナ

毎年開催する恒例イベント。笑顔が溢れる周年パーティー

毎年、開催する周年パーティーは、人と人とのつながりを大切にしてきた同店を象徴する恒例イベント。馴じみ客が店に集い、毎回大いに盛り上がる。上の写真は、25周年パーティーの様子を本にまとめたもの。櫻井オーナーと参加者の笑顔が溢れている。

● 主な「LUNCH MENU」(11:30〜14:30)

※全品、サラダ・スープ・ライス
（スパゲティーとパンのセットは除く）・コーヒー付き

- ヤキニク（肉の大盛り+210円）…830円
- スパゲティー（日替わり）…890円
- 手作りハンバーグ…940円
- お肉料理（日替わり）…990円
- チキンカレー…1300円
  （11:30〜19:00まで以下のセットも提供）
- バタートーストセット…680円
- クロックムッシュセット…780円

119

※価格は税込

「ディナー」は王道の洋食が旨い!

↑ 開業当初から提供している「ビーフシチューディナーコース」1980円。ビーフシチューは、6時間煮込んで柔らかく仕上げた牛ホホ肉がたっぷりと入っている。他の商品より価格は高いが、かなりお値打ちな内容だ。オードブルのラタトゥイユ、サラダ、パン(又はライス)、コーヒー(又はティー)が付く。

●主なアラカルトの食事もの

[11:30～19:00]

・ミートソース…750円

・ナポリタン…860円

・カルボナーラ…1080円

・ミックスサンド…860円

[19:00～翌2:00]

・アンチョビスパゲティー…970円

・ソーセージと帆立のリゾット…1020円

・オムライス…1080円

・ミックスピザ…1080円

10 カフェ アンジェリーナ

↑「ハンバーグステーキ」1080円は、1時間かけて炒めた玉ネギを挽き肉と合わせているのがおいしさの秘訣。挽き肉5kgに対して、玉ネギも同量の5kg（炒める前の重量）を使う。じっくりと炒めた玉ネギが、固定ファンが多い手作りハンバーグの旨さを生み出している。ハンバーグは、「LUNCHI MENU」（付け合わせの内容が変わる）でも人気だ。ハンバーグのソースは、業務用デミグラスソースに、玉ネギやマッシュルーム、赤ワインなどをプラスして仕込んだもの。他にも120Pの表にあるスパゲティーのミートソースは、業務用ミートソースに挽き肉や野菜を加えて作る。料理によっては業務用製品も上手に活用しながら、材料をプラスして〝自店の味〟に仕上げている。

➡「シーフードピラフ」750円。フライパンに具材や隠し味のニンニクを入れてバター、白ワインを加え、適度に水分が飛んだタイミングでご飯を投入。普通のご飯を使うが、その絶妙なタイミングで、パラリとおいしい食感に仕上げる。素朴ながらもプロのおいしさを感じさせるシーフードピラフだ。仕上げにターメリックをかける。

※価格は税込

コーヒーやケーキもファンが多い

↑ ブレンドの豆を仕入れてハンドドリップで淹れるコーヒーは、「酸味が少なく、苦みが強め」のタイプ。「カフェとして、コーヒーのおいしさも、もちろん大切にしています」と櫻井氏は語る。ブレンドコーヒーは単品で490円。写真は「デザートセット」860円で、好みのケーキが選べる(写真のケーキはラズベリーチーズケーキ)。

➡ 自家製ケーキは、毎日約6種類を用意し、入口近くのショーケースに並べている。ケーキの単品は430円均一。「LUNCH MENU」には、サービス価格の310円でセットできる。

西洋骨董のある空間で、リラックスして欲しい

櫻井氏が開業時にヨーロッパで買い付けた西洋骨董の数々が、リラックスできる空間を生み出している。❶の古時計はイギリスで買い付けたもの。時を刻む「ボーン」という音が心地いい。❷温もりを感じるアンティークの椅子も、開業時から使用している。❸西洋骨董の照明と、櫻井氏の義母が描いた絵画が、味わいのある雰囲気を醸している。

時を経て味わいを増した。
若き日の反省も教訓に

⬇ 同店の開業時の写真。〝西洋骨董の空間〟は時を経て味わいを増し、同店を語る上で欠かせない魅力になった。また、櫻井氏は、若き日のこんな反省も教訓に。「実は若い時、店でお客様と一緒に夜遅くまでお酒を飲むのが楽しくて…。でも、そうすると翌日のランチ営業がしんどくて、こんな生活を続けていたら体がもたないと気づき、自制するようにしました」(櫻井氏)

CHECK!

仕込みの工夫で、
手作りと効率性を両立

櫻井氏が一人で作る同店の料理は、仕込みの工夫が大きなポイントになっている。例えば、ハンバーグの生地は、週に1度、約50〜60人前をまとめて仕込み、1人前ずつポーション分けにして冷凍。日々使用する分をある程度、解凍しておき、注文ごとに調理して仕上げる。このように「一度にまとめて仕込む」→「1人前ずつ冷凍」→「解凍しておき注文ごとに調理(出数がさほど多くないビーフシチュー等は注文ごとに解凍して調理)」という流れで、仕込みの回数を減らし、調理負担を軽減。ロスも防ぐ。同時に、自店で仕込む手作りのおいしさを魅力にしている。

食材効率もよくて魅力的なつまみ

↑ 手前は「ナスのチーズ焼き」700円。ナス、ミートソース、チーズのシンプルな組み合わせだが、手頃な値段でワインにも合うことから特に人気が高い。スパゲティーのミートソースを有効に活用している。奥の「タコパッチョ　季節の野菜添え」700円は、水ダコと、キュウリ、大根、セロリ、長イモなどの野菜に自家製ドレッシングをかける。自家製ドレッシングは、ランチの付け合わせのサラダに使っているものをそのまま活用。「自分自身が27年間、食べ飽きることのない味で、何にでもよく合います」(櫻井氏)という自家製ドレッシングは、醤油、酢、玉ネギ、マスタード、サラダ油、少量のニンニク・生姜をミキサーにかけて作る。

●主なつまみ料理

・自家製ピクルス…650円
・チーズの盛り合わせ…1080円
・カプレーゼ…840円
・グリーンサラダ…540円
・アボカドとカニのサラダ…700円
・野菜スティック…650円
・アサリのワイン蒸し…910円
・自家製キッシュ ラタトゥイユと共に…540円
・海老とマッシュルームのアヒージョ…780円

CHECK!

「店の日記」のようなブログ

櫻井氏は、長年、店のブログも続けている。「最初は自分でやるのが面倒なのでスタッフに書いてもらっていたのですが、その子が辞めてから自分で書くようになり、7、8年が経ちました。今は店の日記をつけるような感じで書いていますが、結構、お客様が反応してくれますし、辞めて故郷に帰ったスタッフがブログを読んでくれているのも嬉しいですね」と櫻井氏は話す。「店の日記」のような飾らない内容のブログにも、地域密着で「お客様とともに歩んできた」同店の歴史が詰まっている。

※価格は税込

CASE 11

Café des Arts Pico

●東京・門前仲町

SHOP DATE
住所：東京都江東区牡丹3-7-5-1F
電話：03-3641-0303
営業時間：平日 コーヒー豆販売 9:00～19:00
　　　　　　　カフェタイム 12:00～19:00
　　　　　土日・祝日 コーヒー豆販売 9:00～18:00
　　　　　　　カフェタイム 12:00～18:00
定休日：火曜日・第1・第3水曜日

25坪・21席

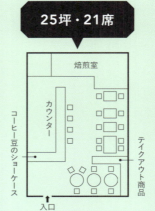

「生産者とお客様の近くに」。
そんな"コーヒーの伝道師"が、
強いコーヒー専門店をつくる!

自家焙煎のコーヒー専門店として評判の『Café des Arts Pico(カフェ・デザール ピコ)』。オーナーの田那辺 聡氏は、日本スペシャルティコーヒー協会(SCAJ)のローストマスターズ委員会の初代副委員長を務め、現在は各所でセミナーも行なうコーヒーのプロだ。そんな田那辺氏が大切にしてきた「～as close as possible ～(できるだけ近くに)」というテーマに、コーヒー専門店の強い店づくりを見ることができる。

「コーヒー」は奥が深い。その奥深いコーヒーに魅せられ、カフェを開業する人は多い。特に昨今は「スペシャルティコーヒー」が注目されている。コーヒー豆の産地や焙煎度合などに関して、より専門的なこだわりを魅力にする店が増えている。数年前から話題の「サードウェーブコーヒー」のムーブメントで、いわゆる「シングルオリジン」への関心も高まった。コーヒーファンの裾野が広がり、専門的なこだわりが以前よりも評価されるようになったことは、

コーヒーに力を入れるカフェにとって喜ばしいことだ。

しかし、一方で経営面におけるコーヒーの難しさもある。コーヒーファンの裾野は広がっているが、それでもコーヒーに詳しい人はまだまだ少数派だ。コーヒーは好きでも、「スペシャルティコーヒー」や「サードウェーブ」といった専門用語は知らない、あまり関心がないという人も多い。

それを踏まえて経営をしないと、専門的なこだわりが空振りに終わってしまう場合も少なくない。そうならないためには、コーヒーファンを増やす地道な経営努力や、地域客を大切にする真摯な経営姿勢も重要になる。それを教えてくれる店が『カフェ・デザール ピコ』だ。

「本当においしいコーヒーを提供したい」。その信念を持って開業し、「素材」からこだわる

『カフェ・デザール ピコ』は、東京の門前仲町に2002年に開業。2012年に

※価格は税込

は2号店の「調布国領店」(東京・調布市)も出店している。

オーナーの田那辺氏は、小学生の頃から自家焙煎の店にコーヒー豆を買いに行っていたという根っからのコーヒー好き。大学卒業後、大手企業に勤めた後、31歳の時に同店を開業する。

「自分自身が本当においしいと思えるコーヒーを提供したい」。その信念を持って開業した田那辺氏は、開業時から「素材」にもこだわってきた。毎年、良質なコーヒーの生豆を求めて中南米の生産国を訪問。生産者との信頼関係を深めてきたのだ。

そうした中で、同じ農園の生豆でも特に良質なものだけが選別された「マイクロロット」の仕入れを実現。田那辺氏が品質を高く評価し、生産者の姿勢にも感銘を受けたグァテマラの農園のものを中心に、今では扱う生豆の多くを「マイクロロット」で仕入れている。

そして、経営面では自家焙煎の強みを生かして「豆売り」の販売を拡大。ネット販売や業務用卸しも手掛けており、それらを含めると売上の7割以上を「豆売り」が占めるまでになっている。開業時から目指してきた営業形態だ。「豆売り」で売上を確保することで、最寄り駅から少し離れた一元客が望め

ない不利な立地も克服している。

コーヒー教室を15年間続けてファンを開拓。良心的な価格や季節商品で地域に密着

「〜as close as possible〜(できるだけ近くに)」。田那辺氏が大切にしてきたこのテーマには、「できるだけ生産者のそばに」という思いとともに、「できるだけお客様の近くに」という思いが込められている。それを象徴しているのが、田那辺氏が開業時から月1回のペースで行なってきた「コーヒー教室」だ。約3時間をかけて、コーヒーの様々な知識を伝えている。1回あたりの参加者は2人〜6人と決して多くはないが、このコーヒー教室を15年間に渡って続け、コーヒーファンを増やしてきた。開業当初は売上の2割程度だった「豆売り」を、現在の7割以上にまで伸ばすことができたのも、この地道な経営努力があったからなのだ。

同時に、地域の人たちに気軽に利用してもらえる店であることも常に心掛けてきた。「お客様を選ぶのではなく、一般の多くの人たちにおいしいコーヒーを楽しんでもらうことが生産者のためにもなる」という考えがベースにある。それは、豊富に種類を揃えるシング

ルオリジンやブレンドのコーヒーを、どれも良心的な価格で提供していることからもよく分かる。「豆売り」関連でも、例えばお正月には、味わいの異なる7種のドリップパックをセットにした「七福豆」を販売。季節の行事に合わせた遊び心のある商品が地域客に親しまれている。

店のブログなどでもコーヒーに関する知識を紹介している田那辺氏の取り組みの数々は、「コーヒーの伝道師」という表現がふさわしい。しかし、決して近寄りがたい存在ではない。コーヒー教室やブログの解説も、できるだけ分かりやすい表現を工夫している。コーヒーに詳しくない人も親しみやすく、いつでも地域の人たちのそばにいる伝道師だからこそ、同店は多くのファンに支持されているのである。

小さな店で大事なのは、日々のコミュニケーション。「コツコツが勝つコツ」!

生産者と密なつながりを築き、コーヒーのおいしさをより多くの人たちに知ってもらう。同店が実践していることは、実は小さな店ならではのやり方でもある。例えば、「マイクロロット」の生豆は、大手チェーン店にとっては量が

少なすぎる。小さな店だからこそ、仕入れが可能な面もあるのだ。

また、田那辺氏はカフェの開業支援も行なっている。小さな店にとって何よりも大事なのは、日々の「お客様とのコミュニケーション」だという。例えば、「どうですか?」と味の感想を聞き、コーヒーに興味があるようなら会話を弾ませる。できるだけ顔を覚え、来店してくれた時に単に「こんにちは」ではなく、「あっ、こんにちは」と言える近しい関係を築く。そうしたコミュニケーションの積み重ねが、多くの人にコーヒーの魅力を知ってもらい、「コーヒー豆は必ずこの店で買う」という信頼を得ることにもつながるのだ。

「コツコツが勝つコツです」(田那辺氏)。まさにこの言葉通りの経営で、コーヒー専門店の強い店づくりを実践してきたのが『カフェ・デザール ピコ』だ。

「マイクロロット」の生豆を仕入れ、そのポテンシャルを引き出す

❶自家焙煎のコーヒーを、「シングルオリジン」だけでも10種近く用意。コーヒーは一杯一杯、ハンドドリップで抽出している。　❷同じ農園の中でも特に良質なものだけが選別された「マイクロロット」の生豆を仕入れている。同店専用であることが分かる店名入りの麻袋に入って「マイクロロット」の生豆が届く。　❸同店が焙煎で最も大切にしているのは、「それぞれのコーヒー生豆のポテンシャルを最大限に引き出すための焙煎をすること」。写真の「グァテマラ ラボルサ農園」の生豆の焙煎度合は「ハイロースト」。「熟した柑橘系の爽やかな酸味、後味にやわらかい甘みが感じられる」味わいが特徴だ。

カフェ・デザール ピコ

　↑「シングルオリジン」のコーヒーは、メニューブックでコーヒー豆の品種、産地（農園名や地域名）と標高、精製方法や焙煎度合などを詳しく紹介。オーナーの田那辺氏が産地を訪れた時に撮影した写真も載せている。農園の紹介は、例えば「グァテマラ　ラボルサ農園」であれば、同農園が幼稚園や小学校を設立し、農園で働く従業員の子供たちが学校で勉強できるようにしていることも紹介。田那辺氏が目指しているのは、「生産者とともに、お互いの生業を懸命に果たすことで、お互いの生活を支えあっていけるようになる」ことだ。店のホームページでも、「ピコのような小さな小さな店を信じて、おいしいコーヒー豆を提供し続けてくださる、素晴らしいコーヒー生産者の方々の笑顔を増やしていくことができるようになるためにも、これからも日々活動してまいります」という思いを綴っている。

131

「豆売り」で多くの顧客を獲得

❶テイクアウトの「豆売り」でも、定期的に購入してくれる多くの顧客を獲得している。❷「シングルオリジン」から「ブレンド」まで、すべてのコーヒー豆を100gから販売。コーヒー豆は温度管理ができるショーケースに並べている。「豆売り」はテイクアウトの他、オンラインショップのネット販売も行ない、業務用卸しも手掛ける。業務用の卸し先はカフェから有名レストランまで多岐に渡る。「業務用卸しでいろんなタイプのお店とお付き合いさせていただいていますが、一杯の原価を10円上げるだけで、格段においしいコーヒーを提供できるようになることが多々あります」と田那辺氏は話す。

お土産用の袋には、店名の印を押す。2号店の「調布国領店」のスタッフ・内藤さんが手作りした印だ。

カフェ・デザール ピコ

②

↑ ハンドドリップの抽出は田那辺氏だけでなく、スタッフも行なう。コーヒーの「おいしい淹れ方」は、田那辺氏が行なっているコーヒー教室でも受講者に指導している。右の表のように、多彩なブレンドコーヒーを用意。ブレンドでもコーヒーのおいしさ、楽しさを知ってもらえる品揃えを工夫している。生豆の素材からこだわったクオリティーの高いブレンドコーヒーを、500円前後の良心的な価格で提供している点も、地域の幅広い客層に親しまれている理由の一つだ。

多彩なブレンドコーヒー

●ピコブレンド…490円
飲みやすいマイルドタイプのコーヒー

●ピコモカブレンド…550円
エチオピア・モカの香り高いフローラルなフレーバーに、酸味、コクをプラス。

●ピコのモカジャバ…550円
しっかりとしたボディに甘い香り。
欧米では昔からの伝統的なブレンド

●今月限定ブレンド…540円
毎月の季節にあわせたイメージの
ブレンドコーヒーをご提供

●ピコの深煎りブレンド…540円
フレンチローストまで焙煎した、ほどよい苦味が特徴

●ピコのビターブレンド…540円
イタリアンローストまで焙煎した極めて深煎り。
苦味が特徴。チョコレートの様な風味

●ご当地コーヒー！牡丹町ブレンド…550円
牡丹の花をイメージした、華やかな香りとやさしい風味。

●門前仲町ブレンド…550円
門前仲町店限定。豊かなコクがありつつ、
甘味を感じられるコーヒー

※価格は税込

コーヒーファンを増やす
努力と工夫と遊び心

❶店内にテイクアウト商品のコーナーを設けて、様々なコーヒー関連商品を販売している。テイクアウト用の商品は、「遊び心も取り入れています」(田那辺氏)というラインナップ。コーヒーをより身近に感じることができる商品が揃う。❷コーヒーにぴったりのお菓子として販売する「ピコサブレ」。地元の菓子店に作ってもらっており、こうした取り組みにも、同店の地域密着の姿勢がうかがえる。❸同店の高品質コーヒーを使った「珈琲ようかん」。❹家で本格的なアイス・オレが楽しめる「極上アイス・オレのもと」(夏場に販売)。❺味わいの異なる7種のドリップパックをセットにしたお正月商品の「七福豆」。

カフェ・デザールピコ

↑ 華やかな香りで注目されている高級品種の「ゲイシャ」も数量限定で販売。写真のテイクアウト商品は、「グァテマラ ラスロサス農園 ゲイシャ種 ウオッシュド」のドリップパック。1パック200円で、手軽にゲイシャのコーヒーを味わうことができる。他にも「エチオピア ゲシャ・ヴィレッジ ゲイシャ CHAKA ナチュラル」を100g・1080円で販売し、コーヒーに詳しい人たちから「驚きの安さ」と評判に。コーヒーに詳しくない人にも、高級品種ならではの味わいを知ってもらうきっかけを作っている。

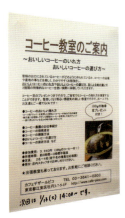

↑ 開業から15年間に渡って、月1回のペースでコーヒー教室を開催してきた。コーヒー教室では、「コーヒーのおいしい淹れ方」の他、「コーヒー農園のお仕事紹介」、「コーヒーの焙煎度合」、「コーヒーの精製方法」、「コーヒーの保存方法」などを学べるようにしている。参加費用は3240円で、参加者にはコーヒー豆もプレゼントする。

CHECK!

「おいしいコーヒー」は、生産者の存在なしでは語れない

田那辺氏は、「より多くの人たちに、自分の舌と知識で本当においしいコーヒーを選ぶことができるようになってもらいたい」と考えている。そのために、店のブログなどでも、信頼できる生産者の存在なしでは、おいしいコーヒーを飲むことができないことを伝えている。日本人にとってコーヒーはとても身近だが、生産国の多くが遠い場所にあることもあり、生産現場についてはほとんど知らない人が多い。そうした状況を少しずつでも変えていくことが、「本当においしいコーヒーを選ぶ」ことにつながるという思いを持って、田那辺氏はコーヒー教室の他、カルチャースクールや大学の講座でもセミナーを行なっている。

※価格は税込

新たに「15kg釜」の焙煎機を導入

①

❶❷同店は開業以来、「5kg釜」の焙煎機を使ってきたが、2017年11月、15周年を機に、オランダ製の「15kg釜」を導入した。比較的、深い焙煎が多い同店のコーヒーの特性にマッチした焙煎機だ。❸「15kg釜」の導入にあたっては、消煙・消臭装置も新たに設置。2台の消煙・消臭装置を合体させた構造にし、消煙・消臭効果を高めている。「周辺への気遣いがより求められる時代になっているので、街中で自家焙煎の店を経営する場合は特に、消煙・消臭設備がこれからますます重要になってくると思います」（田那辺氏）。

15年間、店を支えてきた「5kg釜」

15年間、使用してきた「5kg」の焙煎機。開業当初は、試行錯誤しながら焙煎技術を磨いたという田那辺氏にとっては、長年、苦楽をともにしてきた焙煎機だ。焙煎機の機能の一部は、自身がより扱いやすいように、独自に改良も加えて使ってきた。

カフェ・デザール ピコ

CHECK!

行動力と継続でつながりを築いた

「マイクロロット」の仕入れも行なう『カフェ・デザール ピコ』は、コーヒー専門店の中でもより先進的な取り組みを行なっているが、生産者とのつながりを築くことができたのは、現地に何か特別なコネがあったわけではない。「渡航費を貯めて、とにかく現地を訪れてみることから始めました」と田那辺氏は話す。その行動力と継続が、生産者とのつながりを築き、ここ数年、毎年訪れているグァテマラの農園などでは、カッピングする際も「こういうのがピコの好みでしょ」と、あらかじめ選りすぐったものを提案してもらえるまでになっている。

CASE
12

LIFE

● 東京・富ヶ谷

SHOP DATE
住所：東京都渋谷区富ケ谷1-9-19 1F
電話：03-3467-3479
営業時間：平日 11:45〜14:30、18:00〜23:00
　　　　　土日 12:00〜15:00、17:45〜22:30
定休日：無休
客単価：昼1080円、夜3000円〜4000円

25坪・46席

12

ライフ

新しいスタイルでファンを掴み、
地域密着で人気を確立。
チーム力でますます強い店に！

本場イタリアで修業した相場正一郎氏が、2003年に開業した『LIFE（ライフ）』。トスカーナ料理のイタリアンを、居心地のよいカフェの空間で楽しんでもらうスタイルでファンを掴み、地域密着の経営で人気を確立した。現在は計4店舗を運営。その店づくりや経営に共感したスタッフが集まったチーム力で、ますます強さを発揮している。

『LIFE』は小田急線・代々木八幡駅と、千代田線・代々木公園駅からほど近い場所にある。この渋谷区富ヶ谷周辺は、最近は「奥渋（おくしぶ）」と呼ばれ、話題の店が増えているエリアだ。

オーナーの相場氏は、18歳の時から5年間、イタリアで修業。帰国し、アパレル会社が経営するレストランで3年間、店長兼料理長を務めた後、28歳で独立開業した。開業にあたっては、他のイタリアンレストランとは一線を引きたいと考え、あえてイタリアらしくない店名をつける。それが英語名の『LIFE』。〝人生〟ではなく、〝生活〟という意味で、「お店（仕事）が心地いい生活の一部

になるように」、そして「お客様の生活の中で身近な存在でありたい」という思いが込められている。

さらに、2003年の開業当時、もう一つ、斬新だったのが、本場で腕を磨いたオーナーシェフのイタリアンレストランが、「カフェの空間」も魅力にするという発想だ。「かしこまったレストランの内装やサービスは、僕には少し冷たい印象があり、カフェのようなカジュアルで居心地のよい空間でイタリアンを楽しんでもらいたいと考えました」と相場氏は話す。その新しいスタイルが、女性客を中心に多くのファンを獲得した。

そして、開業から15年。『LIFE』は長年、確固たる人気を誇る。「奥渋」エリアに店が急増し、一時期、売上が落ちたこともあったが、それも元に戻った。まさに強い店、『LIFE』の店づくりや経営において、特に注目したい点を紹介したい。

空間、メニュー、サービスで
地域客に愛される魅力を築き、
新たな出店も行なって成長

まず、同店が開業時も今も変わらずに大切にしてきたこと。それは店名にも思いを込めた地域に根ざした店づくりだ。実際、お客の約8割を地元の常連客が占めている。

142〜143Pの写真にもある居心地のよいカフェの空間、144〜147Pのメニュー写真で一例を紹介した満足感の高いランチや長年のファンが多い料理の数々、148Pに掲載したスタンプカードやサービス券、そして「親切に優しく」を大事にした接客サービス…等々、その一つ一つが地域の人たちに愛される魅力を作ってきた。

同時に『LIFE』は、145Pの同店の「年表」の写真とともに紹介したように、4店舗になっている。4店舗合わせた年商は、およそ3億ほどにまで経営規模が成長している。

そして、相場氏は、オーナーシェフの仕事以外でも活躍。相場氏は自他ともに認める〝道具好き〟で、サーフィンから山登り、インテリアまで趣味は多岐に渡り、ライフスタイル誌などにも登場している。さらに、料理教室の講師も務め、飲食店のプロデュースも手掛けている。

このように『LIFE』は、新たな出店も行ない、相場氏は活動の場を広げている。何十店舗も店を増やす成長とは

違うが、自店らしさや自分らしさを大切にした成長が、そこにはある。

趣味や志向、人生観の近い
スタッフが集まったチーム力。
料理の考え方もしっかりと共有

そして『LIFE』には、そうした店づくりや経営に共感したスタッフが集まっている。同店の強さの源になっているのは、そのチーム力だ。相場氏はこのように話す。

「自分が様々なメディアに取り上げてもらえるようになったこともあり、趣味や志向、人生観の近いスタッフがより集まるようになっています。そうした中で、料理に対する考え方もみんなで共有できています。料理人の世界では、イタリア料理はこうでなければならない…といった考え方もありますが、僕たちはそれとは違います。これもいいよね、でも、こっちの方が受けるかなと、一歩引いた感じで考えます。スタッフの多くは地方出身です。高級な料理をやったとしても、地元に帰って高級店を出すのはなかなか難しい。そうした現実を踏まえたリアルコックさんの集まりが、『LIFE』の大きな特徴です。より生産性が高く、よりコストも抑え、なおかつお客様に喜んでもらえるパ

フォーマンスの高い料理を、スタッフたちが常に考えてくれています」

相場氏は、オーナーシェフ以外の仕事でも自身が収入を得られるようになる中で、スタッフの福利厚生面をよくし、社員中心の人員をさらに増やすこともしてきた。そうした中で、『LIFE』のマンパワーはさらに増し、経営する各店の魅力を高めることにもつながっている。例えば、東京・参宮橋にある『LIFE son』は、ここ数年、ワインにより力を入れて好調だ。客単価も『LIFE』より高い4000〜6000円を確保し、『LIFE son』の個性を磨きながら人気店に成長している。

実家の父が作る総菜が、「ランチプレート」の魅力に。"家族経営"も『LIFE』の強さ

『LIFE』の経営においては、相場氏の家族の存在も大きい。相場氏は栃木出身で、地域に根ざした総菜店を営む両親の元で育った。それが『LIFE』の地域密着経営にもつながっている。そして、父の三郎氏が作る惣菜は今、『LIFE』の各店で使われている。「ランチプレート」に盛られる日替わりの総菜を、三郎氏が作って各店に配送しているのである。このサポートによって「ランチプレート」の内容を充実させながら、仕込みの手間を軽減。その分、ランチのパスタは毎日内容を変えるなど、手間をかけるところにかけている。

また、相場氏は三兄弟で、弟の義文氏は『LIFE sea』(神奈川・辻堂)を担当しながら各店舗もまわっており、妹の三和さんも『LIFE』に勤務。そして、経理は相場氏の妻・千恵さんが担当している。

「こういう店のスタイルなので、そうは見えないかもしれませんが、うちは実は"ザ・家族経営"です」(相場氏)。新しいスタイルの店づくりと"家族経営"。その絶妙なマッチングにも『LIFE』の強さがあると言える。

座る席によって違った
居心地のよさを楽しめる空間

↑ 店舗は縦長のスペースで、入口が2つあるのが大きな特徴。商店街に面した通りと、裏にある遊歩道の両方から出入りできる。どちらの入口から店内に入るかで、雰囲気の印象が変わる点も同店の魅力になっている。写真は商店街側の入口から撮影した店内。奥まで見通せる"抜け感"があり、中央部分の床を上げることで空間に変化もつけている。

⬆ 開業時にDIYで店舗を作り、その後も自分たちで細かな改装を行ないながら現在に至る。座る席によって景色が変わり、来店ごとに違った気分で食事を楽しめる。『LIFE』の空間にはそんな楽しさと居心地のよさがある。また、店内を使ってライブなどのイベントやワークショップも開催。そうした取り組みも人と人とのつながりを広げてきた。

満足感の高い「ランチプレート」が大人気

ランチは平日で1日60～70人、土日は約80人を集め、「ランチプレート」1080円が大人気だ。「ランチプレート」は「パスタランチ」「ライスランチ」「スープランチ」「パニーノランチ」などがあり、すべてサラダと2種類の総菜が付く。一皿で高い満足感を得られる内容で、パスタも毎日違ったものを提供するなどして飽きさせないようにしている。2種類の総菜は、栃木で惣菜店を営んできた相場氏の父・三郎氏が作っているもので、『LIFE』各店や系列店でも使用。三郎氏はピザ生地も仕込んで店に配送しており、栃木から『LIFE』をサポートしている。写真は取材時の「ランチプレート」。❶が鶏モモ肉、ズッキーニを使ったパスタで、❷はサーモン、アボカド、クリームチーズを具にしたパニーノ。2種類の総菜はポテトサラダと白菜のコールスロー。

↑ 相場氏(中央)と『LIFE』のスタッフ。左から佐藤 純さん、成田航平さん、木村志津菜さん、青木美恵子さん。「あまり社長というイメージがなくて、自分たちとの距離が近い感じです」というスタッフの言葉からもうかがえるように、相場氏はスタッフたちとのコミュニケーションをとても大切にしてきた。自身の考えを押し付けるのではなく、まずは「相手を受け入れる」。そして「"怒る"のではなく"伝える"」。相場氏が心掛けてきたことだ。

12 ライフ

②

← 同店が作成した「年表」の一部。2003年に開業し、2009年には縁があって新潟市内に『LIFE 新潟店』を出店。2012年にはスタッフの成長にともなって東京・参宮橋に『LIFE son』をオープンした。『LIFE son』は、天然酵母のパン店『TARUI BAKERY』と一つの物件をシェアする共同店舗というスタイルも話題に。2014年には、神奈川・辻堂の「湘南T-SITE」内に『LIFE sea』も出店した。また、相場氏は飲食店のプロデュースも手掛ける。2016年にはカナダの三元豚「HyLife」のアンテナショップ『HyLife Pork TABLE』をプロデュースした。

145　　　　　　　　　　　　　　　　　※価格は税込

長年、多くのファンに愛される料理

夜のグランドメニューは、長年人気を集めてきた料理が多い。❶の「レモンとミントのバターチーズソースの生パスタ」1240円は、その代表格。相場氏がイタリアでの修業時代に出会ったパスタだ。シンプルなパスタだが、レモン、バター、ミントの組み合わせがクセになるおいしさ。家庭で作っても再現性が高いので、相場氏が講師を務める料理教室でも好評だ。❷の「LIFE特製ラザニア」1550円は、「生産性の高さ」も考えながら魅力的な料理を開発してきた同店らしい一品。何層にも重ねて作るラザニアではなく、ミートソースの上に、ベシャメルソースと和えたマカロニをのせている。何層にも重ねるより作りやすく、なおかつオリジナリティーのあるラザニアだ。❸の「タコのカルパッチョ」1400円は、取材時の黒板メニュー。以前は鮮魚を使うことが少なかったが、最近は黒板メニューなどで提供して新しい魅力の一つになっている。

②

●その他の主なメニュー
- トスカーナ前菜の盛り合わせ…1650円
- 自家製ソーセージのグリル…1550円
- 柚子胡椒風味の
  和風カルボナーラスパゲッティ…1650円
- 牛ハラミのグリル
  Mサイズ…2260円、Lサイズ…2680円
- ハイライフポークグリル
  200g…1480円、300g…2160円
- 各種ピッツァ
  Sサイズ…900円、Mサイズ…1500円
  (田舎風ピッツァ、ビスマルク、
  ベジタリマーナetc.)

CHECK!

ニーズに合わせて変化も加える

グランドメニューの内容は、頻繁に変えることはしないが、ニーズに合わせて少しずつ変化も加えている。例えば、取材時の最新のグランドメニューでは、以前は1つのサイズしかなかったピッツァを2つのサイズにし、肉料理も肉の大きさで選べるようにした。同店のメニューはボリューミーな料理が特徴だが、サイズ分けによって注文のしやすさも工夫し、特にピッツァは新たに用意したSサイズが好評だ。

※価格は税込

分かりやすく、センスよく。そんな販促ツール

効果的に販促を行ない、集客につなげているのも同店の特徴。販促ツールは、分かりやすさとセンスのよさのバランスがいいデザインだ。❶はランチで行なっているサービス。月曜から金曜まで日替わりで内容が変わるサービスを設けている。❷もランチの販促で、常連客にはお馴じみのスタンプカード。12個のスタンプがたまると、「ランチプレート」1食をサービスする。スタンプカードを持参していない新規客には、❸のドリンク無料券を渡す。例えば、ランチにセットできるホットコーヒーは通常220円で、ドリンク無料券を持参するとそれが無料に。このドリンク無料のサービスは常連客に対しても行なっている。「ランチプレート」を最初からドリンク込みにはせず、ドリンクを基本的には別売りにすることで、ドリンク無料のサービスを価値の一つにしている。

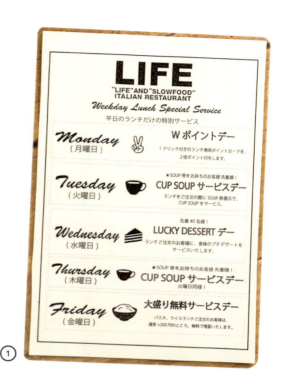

①

②

③

← 食関連のグッズやファッション関連のものを制作し、店内で販売している。相場氏は自身の本も出版。開業10年目に、それまでの店づくりについてまとめた「世界でいちばん居心地のいい店のつくり方」(筑摩書房)などの著書がある。

閑散期の集客につなげるクーポン

↑ 夜に利用できるクーポンも配布している。例えば、1月〜2月は飲食店にとって閑散期。そこで、12月の来店客にクーポンを配布し、1月〜2月の集客につなげている。閑散期の時期に店内が賑わっていると目立ち、それがさらにお客を呼び込むことにもつながっている。クーポンの販促はそうした効果を発揮しながら、常連客への感謝にもなっている。

CHECK!

仕事と生活の場所を同じにし、地域に根ざしてきた

『LIFE』を開業した後、相場氏は店の近くに住居を移した。子供も生まれ、地元で知り合いが増えていく中で、より地域に根ざした店になっていったという。実際、地元の知り合いが、ちょっとした飲み会やママ会などで利用してくれることが多いという。「仕事と生活の場所は同じ方がいい」。相場氏がこれまでの経営で強く実感していることで、独立するスタッフにも、そのようにアドバイスしている。

※価格は税込

CASE
13

紅茶専門店ディンブラ

● 神奈川・藤沢市

SHOP DATE
住所：神奈川県藤沢市鵠沼石上2-5-1 2F
電話：0466-26-4340
営業時間：10:00～19:00
定休日：火曜日
客単価：1100円（イートイン）

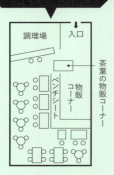

38坪・43席

「焼きたてワッフル」と「紅茶」の両方で
評判を築き、店の集客も
茶葉の販売も強さを発揮！

　『紅茶専門店ディンブラ』のオーナー・磯淵 猛氏は、日本の紅茶研究における第一人者である。著書は40冊以上に及び、講演・セミナーから経営コンサルティング、開業プロデュースまで行なっており、スリランカティーを中心とした紅茶の輸入・卸しも手掛けている。本書では、磯淵氏が28歳の時に開業し、以来40年近くに渡って人気を集め続ける『紅茶専門店ディンブラ』の魅力づくりの秘訣に迫りたい。

　『紅茶専門店ディンブラ』は、1979年に神奈川県の鎌倉の地に開業。鎌倉で15年間営業し、1994年に藤沢市に移転して現在に至る。

　店の場所は藤沢駅から600mほど離れたビルの2階。決して恵まれた立地ではない。それでも43席の店内は連日お客で賑わい、土日ともなれば待ち客も珍しくない。さらに、店内の飲食利用だけでなく、紅茶の茶葉を買い求めるお客の利用も多い。店の集客でも、茶葉の販売でも強さを発揮しているのが『紅茶専門店ディンブラ』だ。

　では、その強さをどのようにして築いたのか。一番目のポイントは、「焼きたてワッフル」を看板商品にしたことだ。「紅茶専門店だから一番目は紅茶ではないか？」と思うかもしれないが、店づくりにおいてはそうではないのである。磯淵氏はこのように話す。

　「飲食店を利用するお客様の目的は、基本的には〝食〟です。店にわざわざ足を運んでもらうには、まず、おいしい食べ物があるかどうかが重要で、その次が飲料です。紅茶専門店が一番売りたいのは、もちろん紅茶ですが、最初に考えなければならないのは実は〝食〟のメニューなのです。メニューはスイーツでも料理でもよいのですが、大事なのはあれこれと種類を増やすのではなく、これならどこにも負けないと言えるくらいの商品を作ることです。紅茶専門店の開業希望者にも、私が最初に話すのは、あなたが一番売りたい〝食〟は何ですか？ということです。開業希望者はどうしても紅茶だけに目が行きがちですが、まずは〝食〟のメニュー設計をしっかりと行ない、それか

ら紅茶のメニューを考えましょうとアドバイスします」

一点に集中して
ブラッシュアップを続けることで、
長年支持される強い商品に！

　磯淵氏が自身の店で、一番売りたい〝食〟として選んだのが「焼きたてワッフル」である。紅茶と相性がよく、なおかつ「焼きたて」のおいしさが魅力になるワッフルを、鎌倉での開業時から看板商品にしてきた。そして、その魅力を磨き続けることで、開業から40年近く経っても、同店のワッフルは人気を集め続けている。

　まずワッフルの生地のレシピは、これまでに何十回と改善を加えてきたという。現在のワッフルは、ライト志向に合わせた軽い味わいを意識しながら、なおかつ、おいしさもしっかりと感じられるように工夫。食べた時に、口の中ですっと溶けるキレのよさが自慢だ。以前はプレーンのワッフルにマーガリンをのせていたが、それもクロテッドクリームに変えた（150Pに写真掲載）。なめらかで口溶けもよいクロテッドクリームが、ワッフルをよりリッチな味わいに仕立てている。

　また、季節のワッフルにも力を入れてきた。イチゴ、リンゴ、パンプキン…等々、旬の素材を使ったワッフルだ。例えば、取材時の「いちごワッフル」は、生のイチゴだけでなく、自家製のイチゴジャムもトッピング。手間をかけた味づくりでもオリジナリティーを強化してきた。

　「売りたい〝食〟を一つ決める。それはスタート地点であって、さらに大切なのは、その一点に集中してブラッシュアップを続けることです。〝これでいい〟ではなく、時代にも合わせながら商品を磨き続けることが、お客様に長く支持してもらう秘訣だと思います」（磯淵氏）

茶葉の顧客をいかに増やすか。
それが紅茶専門店における
安定経営と成長のカギ！

　『紅茶専門店ディンブラ』は、入口を入って正面に茶葉の販売コーナーがある。茶葉のテイクアウト販売を伸ば

す原動力となってきた〝店の顔〟だ。

「〝食〟のメニューで店に足を運んでもらうことが大切ですが、イートインの客数は席数以上に増やすことはできません。しかし、茶葉の販売は右肩上がりで伸ばし続けることも可能です。店の実績ができればティーポットなどの物販も売れるようになり、そうなれば1店舗でも企業性が高まって経営が安定します」（磯淵氏）

茶葉の顧客をいかに増やすか。それが紅茶専門店における安定経営と成長のカギであり、そのために茶葉の販売コーナーを、より魅力的な〝店の顔〟にすることが大事なのである。

同店の茶葉の販売コーナーは、まず「新茶」の案内ボードを大きく掲げている。販売する茶葉は年に3回、「新茶」に変わり、その都度、磯淵氏の鑑定コメントを掲載。コメントは専門的な鑑定用語は極力使わず、分かりやすい表現にしている。

昔も今も変わらず
大切にしてきたのは、
〝お客様との接点〟を作ること

さらに「味」「香り」「水色（すいしょく）」の評価が一目で分かる表も作り、紅茶の特徴が誰にでも伝わりやすい

見せ方を工夫。そして、「紅茶がお好きなのですか」、「この前は、ありがとうございました」といったコミュニケーションを通して、〝お客様との接点〟を何よりも大切にし、顧客を増やしてきた。

茶葉を選んでもらう際は、希望に応じて何種類でも紅茶を無料で試飲できるようにもしている。「無料の試飲は特別なことではなく、お客様の権利です。お客様に好みの紅茶を発見してもらうことが最も重要です」（磯淵氏）。

また、現在はネットでの注文も増えたが、茶葉を郵送する際には手書きのお礼状を必ず添える。郵送販売の顧客との〝接点〟も大切にしているのである。

「かなりの数のお礼状を、スタッフたちが手分けをして書いてくれています。大変な作業ですが、お店にとって面倒なことがお客様に喜ばれるのは、いつの時代も変わりません」（磯淵氏）。『紅茶専門店ディンブラ』が、長年支持され続ける秘訣には、飲食店経営の普遍的な成功ポイントも詰まっている。

居心地のよい空間と、紅茶専門店の"店の顔"

↑ ビル2階に立地する店舗は38坪の規模。43席の客席をゆったりと配した居心地のよい空間で、約3坪ほどのスペースの物販コーナー（写真右）も併設している。調理場（写真奥）は、紅茶を淹れる様子がよく見えるフルオープンにし、「紅茶教室」の際にも使用している。

→ 日本の紅茶研究における第一人者でもあるオーナーの磯淵 猛氏。大学卒業後、大手商社に入社して貿易事業に携わる中で紅茶の魅力に惹かれ、『紅茶専門店ディンブラ』を鎌倉に開業した。鎌倉の店は10坪の小規模店で、磯淵氏が一人で紅茶を淹れ、ワッフルを焼くスタイルでスタート。開業当時は年間に70〜80回の紅茶教室を開催して顧客を増やし、経営を軌道にのせた。1994年から藤沢に店を移し、鎌倉時代からの顧客も含めた多くのファンに、長年支持されている。

13

紅茶専門店ディンブラ

↑ 入口を入って正面にある茶葉の販売コーナー。"店の顔"であり、ここでのお客とのコミュニケーションを何よりも大切にし、茶葉の顧客を増やしてきた(写真は店長の廣田理沙氏)。茶葉はどれも100g単位で購入できる。

← ボードに記しているのは同店が販売するスリランカ(セイロン)ティーの産地名。一つの産地で70を超える農園がある。農園や茶葉を摘む時期で紅茶の特徴が変わるので、年に3回案内する「新茶」は、その都度、鑑定コメントと評価表をボードに記す。内容を一枚の紙にまとめた配布用の新茶案内も用意。

155

季節ごとの素材を使ったワッフルが大人気

⬆ ワッフルのバリエーションの中でも、特に評判なのが季節のワッフル。取材時の「いちごワッフル」750円は、フレッシュなイチゴとともに、自家製のイチゴジャムとアイスクリームをのせ、イチゴシロップをかける。イチゴシロップも自家製で、イチゴジャムの煮汁に紅茶などを合わせて作っている。より風味よく仕上げるために隠し味にラベンダーソースなども使い、手間をかけたおいしさで商品力を高めている。アイスクリームもキレのよい上質なものを使用。

CHECK!

ワッフルの店ならではのバリエーション

「焼きたてワッフル」は、150Pに写真を紹介した「クロテッドティーワッフル」680円と季節のワッフルの他に、「おぐらクリームワッフル」「チョコレートワッフル」「ブランデーワッフル」各750円などを用意。157Pで紹介したワッフルメーカーで作るホットサンドは、醤油味の貝柱や青海苔などを具にした「シーフード」、ブルーチーズとキュウリの「チーズ&キュウカンバー」各980円などを揃え、"ワッフルの店らしさ"を大切にしながら多様な味わいも工夫している。

※価格は税込

紅茶専門店ディンブラ

← 「クリームティーセット」1100円。イギリスのアフターヌーンティーと言えば、「ティーウィズミルク」と「スコーン」で、その伝統的なスタイルを楽しんでもらう。自家製のスコーンは、イギリスのヴィクトリア朝時代のレシピに基づいて作り、クロテッドクリームとオリジナルのジャムをつけて食べてもらう。

↓ ワッフルとサンドイッチを一皿で楽しめる「スペシャル」1200円。サンドイッチはホットサンドで、ワッフルメーカーで作る。写真のサンドイッチ（手前）は、挽き肉や野菜をチリソース風に味付けした具を挟んでいる。

↑ 調理場にワッフルメーカーを2台用意。ワッフルだけでなく、サンドイッチのホットサンドも、このワッフルメーカーで作る。ホットサンドは、薄切りのイギリスパン2枚に具を挟み、ワッフルメーカーで焼き上げる。

「紅茶」を満喫してもらう提供スタイル

❶紅茶はティーカップで2杯半分の量を、ティーポットで提供する。写真の紅茶は店名にもなっている「ディンブラ」580円。味、香り、水色(すいしょく)の三拍子が揃った、スリランカを代表する紅茶として知られる。❷❸一杯目は、スタッフがカップに紅茶を注ぐ。「ティーウィズミルク」の場合は、先にミルクを入れてから紅茶を注ぐ。❹一杯目を注いだら、ティーポットにティーコジーをかぶせる。❺頃合いを見て、スタッフがホットウォータージャグ(お湯さし)をテーブルに運ぶ。2杯目以降は味わいが濃くなるので、お湯で好みの濃さに調整してもらう。このような流れで楽しんでもらう紅茶は、接客でお客との会話が生まれやすく、そこを大切にすることもファンを増やす秘訣の一つ。

158

❻❼物販コーナーでは、ティーポットやティーカップを始めとした紅茶関連の様々な品を販売。品揃えは季節によって変わり、常連客も飽きさせない。満席の際、待ち客が物販コーナーを見て回るケースも多い。物販コーナーを見て回るお客には、無料で紅茶のサービスも行なう。無料サービスの紅茶も、紙コップではなくグラスで提供し、その手厚いサービスに感激するお客が多い。❽磯淵氏の著書も販売。近著（取材時）には「基礎から学ぶ紅茶のすべて」（誠文堂新光社）や「紅茶の手帳」（ポプラ新書）などがある。磯淵氏の著書は40冊以上あり、「ジャンピング」（茶葉が上下する動きのこと）を始めとした紅茶をおいしく淹れるための基本から、世界中で親しまれる紅茶の歴史まで、紅茶のあらゆる知識を学ぶことができる。

茶葉の郵送には手書きのお礼状

ネットなどで注文を受けて茶葉を郵送する際、手書きのお礼状を添えている。長年の顧客の中には、遠方に引っ越したために郵送での販売になったケースも少なくないが、手書きのお礼状を添えることで、直接会えなくても感謝の気持ちを伝え続けている。

 ......▶

※価格は税込

非日常感を大切にしたランチメニュー

↑ 主婦を始めとした女性客に、非日常の魅力を感じてもらえるように、ランチメニューもオリジナリティーのある内容にしている。この「テーラーズランチ」1100円は、ジャガイモをメインに作る「スリランカ風オムレット」をワッフルとともに味わってもらう。ワッフルには紅茶で作ったシロップを添える。スリランカのヌワラ地域は、紅茶だけでなくジャガイモの産地で、そこで食べられている料理を元に「スリランカ風オムレット」を考案。「セイロンティーの神様」と称えられるジェームス・テーラーの名前から「テーラーズランチ」と名付けた。

CHECK!

「ティーウィズミルク」と「ブラックティー」

「ミルクティー」と「ストレートティー」という呼び方をするのは日本だけで、本来の名前はそれぞれ「ティーウィズミルク」と「ブラックティー」。「外国人客も増えているので、本来の呼び方が日本にも広まって欲しいと個人的には思っています」と磯淵氏は話す。また、同店の「ティーウィズミルク」に使うのは、イギリスなどでは主流の低温殺菌牛乳。低温殺菌牛乳の「ティーウィズミルク」は、スイーツや料理の脂肪分をさっと洗い流すようなキレのよさがあり、食が進む。

13 紅茶専門店ディンブラ

↑ ランチメニューの「カレースープ＆スコーン」1100円。ライスではなく、「カボチャのスコーン」とカレーの組み合わせでオリジナリティーを高めた。カレーもスリランカのスパイスをブレンドして作る独自の味わいが評判だ。ニンニクは使用せず、スパイスのクミンシードをたっぷり使って後を引くおいしさにしている。

→ 紅茶関連のイベントを定期的に開催。紅茶教室の他に、スリランカツアーも行なっており、「サンデーティータイム」も人気の恒例イベントになっている。磯淵氏のセミナーとともに、紅茶や食も楽しめる「サンデーティータイム」は、毎回遠方からの参加者も多い。

161　　※価格は税込

CASE 14

素敵屋さん

● 埼玉・さいたま新都心

SHOP DATE

住所:埼玉県さいたま市大宮区北袋町1-147
電話:048-644-9961
営業時間:11:30〜14:00(L.O.) 17:00〜21:00(L.O.)
定休日:水曜日・第3木曜日
客単価:昼1700円、夜3300円

20坪・26席

お腹も心も満たされて、強く記憶に残る店。
そんな魅力で30年以上、
「また行きたい店」であり続ける

　レストランやギャラリーが一つの「村」を形成している「アルピーノ村」に、『素敵屋さん』はある。1986年のオープンから30年以上、人気を集め続けている洋食の店だ。「お腹も心も満たされて、強く記憶に残る店」。そんな魅力で、地域の人たちにとって「また行きたい店」であり続ける同店の強い店づくりを紹介したい。

　埼玉県のさいたま新都心駅から徒歩で7〜8分ほどの場所に、「アルピーノ村」はある。ケヤキの木や季節の花が印象的な「アルピーノ村」は、訪れた人たちの心を和ませる情緒のある雰囲気を醸しながら、各店が落ち着いた佇まいでお客を迎え入れている（173Pに各店の写真紹介）。ホームページの「alpino's Roots」では、その歴史が以下のように紹介されている。

　「1969年4月25日、一軒家の欧風レストランとして産声をあげたアルピーノ。10年後にフランス料理の専門店へと成長しました。その時、パスタのリクエストに応えて〈すばげってえ屋さん〉の

ちにイタリア料理イルクオーレがオープン。当時お店で人気だった手作りケーキがきっかけで〈お菓子やさん〉が誕生し、美味しいフランスパンが焼けるようになりました。そして、ごはん党のリクエストから〈素敵屋さん〉が登場。たくさんのお客様に育てられ、現在のアルピーノ村になりました」

　この紹介にあるように、最初に開業した『アルピーノ』は2019年に50周年を迎える歴史を誇る。「アルピーノ村」の村長であり、㈱アルピーノ代表取締役会長の阪 泰彦氏が自宅敷地内に開業したのが始まりで、フランス料理の名シェフである鎌田守男氏が1977年から総料理長を務めている。

　そして、『素敵屋さん』の本書の取材で話を聞いたのは、阪会長の奥様で専務取締役の阪 とし子氏。「かつてフランス料理に憧れていた時も、洋食は身近だったこともあって、私の根っこの部分のようなお店です」と阪専務が話す『素敵屋さん』は、「アルピーノ村」の中で「ごはん党」のニーズに応える役割を果たしながら、多くのファンに長年

愛され続けている。

「洋食、ごはん、漬け物」。
そのおいしさが、老若男女を
問わず人気を集める

　『素敵屋さん』は、168P〜の写真で紹介したビーフシチューやハンバーグなどが評判の洋食の店である。フランス料理店の『アルピーノ』で腕を磨いたシェフたちが同店の代々の料理長に就任し、手間をかけた洋食のおいしさが受け継がれてきた。さらに、開業時から自家製米のおいしいごはんにこだわり、全国から集めた漬け物をサラダバーならぬ「漬け物バー」で提供。手間をかけた本格派な洋食を、おいしいごはんと漬け物とともに味わってもらう独自のスタイルが、老若男女を問わず、支持されている。

　そして、100年続く蔵を店舗にした空間も評判だ。花や木に囲まれた枕木を歩く入口までのアプローチも、来店客を非日常へと誘う。客席には作家による栃の木の一枚板のテーブルなどが使われており、店舗の雰囲気のよさは時とともに味わいを増している。

　このように同店は、店名通りの「素敵な料理と空間」で「お腹も心も満たされる」高い満足感を生み出し、洋食の店では意外性のある食べ放題の漬け物や、器や装飾にも使われている作家の作品の数々で「強く記憶に残る店」になっている。そして、長年、その魅力が輝きを失わないのは、「本物でありたい」という思いを大切にして、「アルピーノ村」が料理人とサービスマンの育成に力を入れてきたからである。

同じものを作っているようで
進化している。作家の作品が
スタッフの成長の糧に

　例えば、作家の作品が使われている器は、お客の目を楽しませるだけのものではない。

　「作家の素晴らしい作品に負けないおいしい料理を提供する」という思いが、スタッフの成長の糧にもなっている。阪専務はこんな風に話す。

　「長年、お付き合いさせていただいている作家の先生たちの器は、同じデザインのものであっても、作っていただく度に進化しているのを感じます。毎日、同じものを作っているように見える料理も一緒だと思うのです。二年に一度、先生たちにお会いする時、お互いに進化していたい。そんな思いも私たちの励みになっています」

　また、阪専務は「意識することが大

素敵屋さん

切です」と話す。例えば、『素敵屋さん』では、お客に自由に感想を書いてもらうノートをテーブルに置き、スタッフが読んだら「素敵」のハンコを押す。ある時、新人のスタッフが機械的な感じでハンコを押しているのを見た阪専務は、「特に心に残った言葉や絵のところにハンコを押すように」と伝えたという。そのように「意識すること」で、ハンコを押すことが単なる「作業」ではなくなるのである。

　どんなサービスも、心が無ければ本物のおもてなしにはならない。「意識すること」は、その心の部分を何よりも大切にすることであり、そうしたサービスを行なっているからこそ、同店は「お腹だけでなく心も満たす」店なのだと言える。

ニューで評判を得ていても、現状に甘んじることなく、さらに創意工夫を心掛ける高い意識がそこにはある。

　また、庭に咲く季節の花の説明が、さりげなく店内に貼られている。手書きで書かれた文面からは、「季節ごとの花でお客様に豊かな気持ちになって欲しい」という思いが伝わってくる。店の佇まいは変わらずとも、季節ごとの変化を感じることで、お客にとっては一回一回の食事がより印象深いものになることだろう。

　こうしたスタッフの意識の高さ、思いの深さも、同店を「強く記憶に残る店」にし、それが「また行きたい店」であり続ける秘訣にもなっている。

**スタッフの意識の高さ、
思いの深さが、料理と空間の
魅力をさらに高める**

　『素敵屋さん』が提供している洋食メニューは、長年のファンが多い。そうした中、「変わらないおいしさを大切にしながらも、自家製デザートなどでは驚きがある新しいものを提供するように心掛けています」と話すのは、同店の料理長・藤田雅史氏。長年のメ

空間、料理、サービスで"いい時間"を過ごしてもらう

↑ ㈱アルピーノの専務取締役・阪 とし子氏(右から3番目)と、『素敵屋さん』の料理長・藤田雅史氏(左から2番目)とスタッフのみなさん。「空間、料理、サービスで、お客様にいい時間を過ごしてもらい、元気になって帰っていただく。変わらず大切にしているのは、そうした思いです」と阪専務は話す。

← 庭に咲く季節の花についての説明が店内に貼られている。写真は取材時の「3月の花 ミモザ」の説明。花にまつわる知識が手書きでまとめられていて、こうした工夫にもおもてなしの心が感じられる。

14 素敵屋さん

↑ 100年続く蔵を店舗にしている。入口まで続く枕木も風情があり、庭の木や花も来店客の目を楽しませる。

➡ 栃の木の一枚板のテーブルと臼（うす）から作った椅子は、藤本イサム氏（兵庫県）による作品。他に器や装飾にも作家の作品の数々が使われており、同店の「素敵な空間」を作り出している。

本格派の洋食、こだわりのごはんと漬け物、そして季節感も！

↑「ビーフシチューランチ」1900円。ビーフシチューは、国産の牛バラ肉をデミグラスソースや赤ワイン、トマト、香味野菜とともにじっくりと煮込み、一晩寝かせる。ごはんと相性の良い味わいに仕上げ、長年、看板商品として人気を集める。ランチはごはんと「漬け物バー」の他に、スープ、サラダが付く。スープは季節ごとの素材を使っており、取材時は「グリーンピースのスープ」。

CHECK!

「素敵屋さんのお弁当」も好評

「ビーフシチュー」や「ステーキドン（素敵丼）」は、「素敵屋さんのお弁当」としてテイクアウト販売も行なって好評だ。会社の会議などで一度に20～30食くらいのテイクアウト注文が入ることもあり、中には「お弁当で素敵屋さんのことを知った」という人もいるなど、新たなファンの獲得にもつながっている。

14 素敵屋さん

↑「ハンバーグランチ」1700円は、時期によって内容を変える「季節のハンバーグ」を10食限定で提供している。取材時は菜の花のフリットを添えて春を感じてもらえる内容にし、デミグラス&グラタンソースのダブルソースも魅力に。

↑「ステーキドン（素敵丼）」のランチ（1500円）も人気が高い。特製醤油ベースに、じっくりと炒めた玉ネギの甘さと、ソテーしたマッシュルームの旨みを加えたソースが牛ランプ肉の素材のよさを引き立て、「ごはんが止まらなくなるおいしさ」と評判だ。

※価格は税抜

ディナーはお値打ちな
コースが評判

➡ 牛ヒレステーキ(150g)がメインの「美味しんぼコース」4500円。上質な牛ヒレ肉のステーキを、お値打ちな価格のコースで提供している。ステーキのソースは4種類から選べ、写真は「あさつきこっくりソース」。あさつき入りのごはんに合うソースで、柔らかいヒレ肉のおいしさを堪能してもらう。写真のステーキの器は作家の森岡成好氏(和歌山県)によるもの。同店は開業時から、器の多くに森岡氏の作品を使っている。

❶ごはんには新潟産コシヒカリを使用。毎日、自家製米した炊きたてのごはんのおいしさも評判だ。❷玄米ごはんも炊き、希望に応じてごはんを玄米ごはんに変えるサービスも喜ばれている(数量は限定)。

14 素敵屋さん

↑『素敵屋さん』の名物になっている「漬け物バー」。漬け物は阪専務が全国から集めたもので、13〜14種類の中から常時3種類を提供している。漬け物は、同店の隣にある『ギャラリー樟楠(くすくす)』内の物販コーナー「逸品屋さん」で買えるようにもしている。

171   ※価格は税抜

新しい味わいを工夫した自家製デザート

↑「アルピーノ村」にはケーキショップの『お菓子やさん』があるが、レストランで提供するケーキ類は各店の自家製。写真の「黒ゴマのブランマンジェ」540円は、大納言小豆やコーヒーリキュールのカルーアを使って、新しい味わいのブランマンジェに仕立てている。

客席にはノートを置いて、お客に自由に感想を書いてもらっている。スタッフが読んだら「素敵」のハンコを押す。

CHECK!

「お客様に勉強させてもらってきた経験」が財産

『素敵屋さん』の「漬け物バー」では、阪専務が自ら漬けた糠漬けも提供している。漬け物の内容は日によって変わるため、毎日提供しているわけではないが、必ず糠漬けをリクエストする常連客もいるという。「そうしたお客様がいてくれるおかげで、いつもおいしい糠漬けを用意しておこうという励みになります。長年、お客様からいろんな勉強をさせてもらってきた経験が、私たちの財産だと思っています」と阪専務は話す。

アルピーノ村

↑「アルピーノ村」の敷地は駐車場(50台以上)も含めて約800坪。「新都心東通り」を挟む形で、道路の左右に各店が店を構える。❶フランス料理店の『アルピーノ』。2019年に創業50周年を迎える。❷イタリア料理店の『イルクオーレ』。始まりは生パスタ専門店の『すぱげってえ屋さん』。❸1階はケーキショップの『お菓子やさん』。1階の奥に『あるびいの銀花ギャラリー』があり、2階にはウエディングの式場がある。❹❺❻『ギャラリー樟楠』。作家の様々な作品を展示し、取材時の4月には3日間、「日本茶Cafe」を開催するなど、イベントも行なっている。

「アルピーノ村」の各店で使えるスタンプカード。40ポイントから特典を設け(1000円で1ポイント)、200Pポイントを貯めると『アルピーノ』の「ペアディナー」を利用できる。スタンプカードの有効期限を設けず、長く利用してもらえるようにしている点にも、世代を超えて地域の人たちに親しまれる「アルピーノ村」らしさが感じられる。

CASE 15

カフェ・バッハ

● 東京・台東区

SHOP DATE
住所：東京都台東区日本堤1-23-9
電話：03-3875-2669
営業時間：8:30〜20:00
定休日：金曜日
客単価：1200円[※1]

26坪・36席[※2]

①レジ　②ケーキのケース　③カウンター　④ベンチシート
⑤焼き菓子のコーナー　⑥ロースター　⑦WC

※1. 店内飲食の客単価。店内飲食とともにテイクアウトでコーヒー豆やお菓子を購入するお客も多い
※2. 製パン・製菓の設備は店と同じビルの2階に、自家焙煎の設備は別ビルに設けている

強い個人カフェをつくる！
50年間、そのテーマと向き合い続けてきた
自家焙煎コーヒーの名店

　本書の最後に登場してもらうのは、自家焙煎コーヒーの名店『カフェ・バッハ』である。2018年でちょうど50年目になる同店は、いち早く自家焙煎に取り組み、コーヒーで大きな価値を生み出してきたカフェだ。「強い個人カフェをつくる！」。そのテーマと向き合い続けてきた同店の店づくりには、本書の最後を飾ってもらうのにふさわしい大切な取り組みと考え方が凝縮されている。

　『カフェ・バッハ』は、東京・台東区の通称・山谷に1968年に開業。田口護・文子夫妻が、二人で店を切り盛りする小さな喫茶店からスタートした。労働者の人々が多く暮らす山谷で地域に根ざしながら、1974年には自家焙煎に取り組み、その後、自家製の菓子・パンも取り入れて人気を確立。カフェの名店として広く知られる存在となり、地元だけでなく全国からお客を集めている。

　店主の田口 護氏も、コーヒー業界のレジェンドとして著名だ。『カフェ・バッハ』が長年、多くのファンから支持されているのは、コーヒーの品質を追求してきたからに他ならない。田口氏が提唱する「良いコーヒー」とは、〈虫食い豆や発酵豆などの欠点豆が取り除かれているもの〉、〈煎りむらや芯残りのない適正な焙煎が施されているもの〉、〈焙煎したての新鮮なもの〉であり、同店では生豆の状態と焙煎後に、ハンドピックでコーヒー豆を一つ一つ選別している。

　そして、コーヒーの魅力を高めた数々の取り組みにおいても『カフェ・バッハ』は草分けの店だ。浅煎りから深煎りまで焙煎度合いの異なるコーヒーを種類豊富に揃える。コーヒーとお菓子のマリアージュを提案する。最近カフェで増えているこれらの取り組みも、同店においては昔から行なってきたことである。品質を追及したコーヒーでより大きな価値を生み出しながら、経営的にも豆売りによる売上の拡大で強い店づくりを行なっており、その核になっているのが豆売りコーナーも兼ねたカウンター席だ。

「お客様に寄り添い、近づく」ことを
大切にした接客で、
豆売りの顧客も増やしてきた

『カフェ・バッハ』にはショーケースを用いた豆売り専用のコーナーはない。ガラスの容器に入ったコーヒー豆が棚にズラリと並ぶカウンター席が、豆売りのコーナーも兼ねている。カウンター席で、コーヒー豆のそれぞれの特徴や焙煎度合いによる味の違いなどを説明し、お客とのつながりを築きながら豆売りを行なってきた。

さらにカウンター席では、スタッフがお客の目の前でコーヒーを一杯一杯、ペーパードリップで抽出している。かつて同店が、抽出をネルドリップからペーパードリップに変えたのは、店で飲んだコーヒーの味を家庭でも再現しやすくするためだ。カウンター席は、「おいしいコーヒーの淹れ方」の実演を見てもらう場所にもなっているのである。

そして、ホールのスタッフの接客もポイントになっている。例えば、テーブル席に案内しても、カウンターの陳列棚に並ぶコーヒー豆や、抽出の様子を見ているお客はコーヒーに興味がある可能性が高い。そうしたお客に、「よろしかったら近くでご覧になられますか」と声をかけ、カウンター席に誘導するのである。

このように同店は、「お客様に寄り添い、近づく」ことを大切にした接客サービスで、豆売りの顧客も増やしてきた。コーヒー豆の使用量は、月間で約3tと1店舗のカフェとしては驚異的な数字だ。使用量の約80%は豆売りによるもので、すべて店舗での対面販売から始まっていることからも、カウンター席が大きな役割を果たしていることが分かる。

「仕事の質の向上」に
力を注いできたからこそ、
強い店であり続けている

『カフェ・バッハ』は、有名店になっても多店化はせず、自家焙煎のコーヒー豆も業務用卸しはほとんど行なっていない。1店舗を貫き、小資本で強い経営を形にしてきた店だ。「チェーン店が増えていく中で、どうすれば個人店の経営が成り立つのか。どうすれば個人店の良さ、素晴らしさを表していけるのか。カフェ・バッハはずっと、そのテーマと向き合ってきました」と田口氏は話す。

50年間、個人店の強い店づくりを行なってきた『カフェ・バッハ』が取り組んできたこと。それは「質の向上」を追及

することである。「カフェ・バッハは、スタッフの質の高い仕事によって支えられている店です」と田口氏が話すように、コーヒーの品質だけでなく、「仕事の質の向上」にも力を注いできたからこそ、強い店であり続けている。

　例えば、カウンターに立つスタッフは、コーヒーの知識と技術のすべてにおいてスペシャリストでなければ務まらない。同時に、お客にコーヒー豆を買ってもらえるかどうかは、会話を通して味の好みだけでなく、その人の人柄や経済力、価値観まで見抜く力がカギになるという。そこまで見抜くことが、「お客様が本当に求めているもの」を知ることにつながるからだ。

　お客は一人一人、望んでいるものが違う。何を望まれているのかをその都度判断し、適正に対応することが「真の仕事」であるということを、田口氏はスタッフに伝え続けてきたのである。

小さいからこそ「大きな責任感」も担っているのが個人カフェ。その決意と誇りを！

　そして、強い個人カフェをつくるために、最も重要なのは経営者自身の「資質」であるという。「素質」とは違い、学ぶことで資質は身につけていくことが

できる。開業前も、開業後も学び続けることで、商品やサービスの質を向上し、資金面や人材育成についてもバランスのよい経営ができる資質を、経営者自身が身につけることが大事なのだ。

　小規模だから簡単に店をつくることができる…。そうした考え方では、決して強い店をつくることはできない。小さいからこそ「大きな価値」をつくることが成功の秘訣であり、そのためには学び続ける姿勢が必要なのである。

　「資質が大切なのは人だけではありません。地域におけるカフェならではの役割。人と人との関わり合いを今の時代に残す個人店の役目。そうした〝店の資質〟も磨くことで、カフェは素晴らしい価値をもたらす存在になります」

　この田口氏の言葉は、小さいからこそ「大きな責任感」も担っているのが個人カフェであるという決意と誇りを持って経営に臨むことが、「小規模で強い店をつくる」ことなのだと教えてくれる。

問い続ける。学び続ける。
昔も今も変わらぬ経営姿勢

↑『カフェ・バッハ』の田口 護・文子夫妻。田口氏はこれまでに調査や指導で40ヵ国ものコーヒー生産国に赴き、日本スペシャルティコーヒー協会（SCAJ）ではトレイニング委員会委員長、会長を歴任。コーヒーやカフェ経営に関する著書も多数出版している。文子氏は1990年に設立した製菓・製パン部門の指揮を取り、そのケーキやパンのおいしさがコーヒーを支え、同店のファンを増やしてきた。二人は1980年にヨーロッパのカフェを視察。ヨーロッパの国々でカフェが生活の一部になっているのを見たことで、「カフェの役割とは何か」を問い続けるようになったという。また、コーヒーと自家製ケーキの店が愛されているウィーンのカフェ文化に触れたことが、スイーツを取り入れるきっかけになった。

↑ 田口夫妻はともに音楽が好きだが、『カフェ・バッハ』という店名はその趣味を誇示したものではない。「音楽家としてのバッハをよく知った上で、目標にして、がんばっていく覚悟を示す」。そうした思いが込められている。

カフェ・バッハ

↑ 総店長・工場長の山田康一氏。専門学校の学生時代に、講師として訪れた田口氏の話を聞いたのがきっかけで、19年前に『カフェ・バッハ』に入社。田口氏の話の中で、「良いものを後世に伝えていく」という言葉が強く印象に残ったという。現在は店と焙煎を統括する現場の長として活躍。焙煎については、「質の向上と安定。それを繰り返しながらアベレージを上げていくことが、これからも大事だと考えています」と話す。焙煎工場では2台の10kg釜で焙煎を行なっている。

↑ 2018年4月に『カフェ・バッハ』の店長になった三原陽子氏。憧れの店だった『カフェ・バッハ』に入社して12年、新店長となった心境について、「歴史のある店なのでプレッシャーがないわけではありませんが、とてもやりがいを感じています。たくさんの常連のお客様に支えられている店なので、これからもその期待にしっかりと応えられるようにしたいと思います」と力強く話す。

↑ 2017年、製パン・製菓長に就任した井上弘明氏。『カフェ・バッハ』では、「コーヒーとお菓子は恋人（時々一緒に食べる）。コーヒーとパンは夫婦（パンは毎日食べる）」と表現しているが、井上氏も「コーヒーを支えることができるお菓子とパンを作ることを常に意識しています」と話す。ヨーロッパのカフェ文化の歴史や背景を学んだことも、製パン・製菓に携わる上で自身の財産になっているという。

コーヒーの魅力を高め、その価値を伝えてきた！

⬆ カウンター席が豆売りのコーナーも兼ねている。焙煎したコーヒー豆の実物を見てもらいながら、それぞれの味わいの違いなどを説明し、お客とのつながりを築きながら豆売りを行なっている。写真の山田総店長は、「コーヒーについてお客様に分かりやすく説明するだけでなく、例えば、初めてカウンター席に座ったお客様の緊張をほぐすような接客も心掛けています。これまでに高級レストランのサービスなども勉強させてもらってきた経験がとても役立っています」と話す。

➡ コーヒー豆の特性を引き出した焙煎度合いで、約20種類のストレートコーヒーを用意。サードウェーブコーヒーの影響で最近増えている浅煎りのコーヒーも、同店は自家焙煎を始めた当時から提供し、コーヒーの魅力を伝えてきた。

カフェ・バッハ

ポットにたっぷり2杯分が入った
ドイツの「ケンヒェン」のスタイルでも
3種類のコーヒーを提供。

❶が「バッハブレンド」1050円（通常の1杯の価格は600円）、❷が「アウスレーゼコーヒー（その時期のおすすめ。取材時は中国・雲南「翡翠」）1150円、❸が「ブルーマウンテンNo.1」1500円。ヨーロッパのカフェ文化を重んじる同店らしい商品だ。コーヒーカップも「ビレロイ」や「ロイヤルコペンハーゲン」などのヨーロッパ製のものを主に使い、「ケンヒェン」のトレイに使用しているオーバルはウィーン製。

❹カウンターの棚に並ぶコーヒー豆の色でも、焙煎度合いの違いがよく分かる。❺より質の高いコーヒーは、より高級なコーヒーカップで提供する。そうしてコーヒーの価値を高めることに、いち早く取り組んだのも『カフェ・バッハ』だ。カップはコーヒーの焙煎度合いによっても使い分けている。写真は右から浅煎り、中煎り、中深煎り、深煎りに使用するコーヒーカップの例。焙煎度合いでカップを使い分けることで、お客がどのタイプのコーヒーを飲んでいるのかをスタッフが判別しやすく、お客の好みを把握することにもつながっている。

※価格は税込

トーストにもこだわり。
コーヒーとケーキのマリアージュも評判

↓『カフェ・バッハ』は料理メニューやモーニングは提供していないが、「トースト」420円が長年、多くのファンに愛されている。外は香ばしく、中はしっとりと焼き上げ、バターを塗って提供する。自家製トーストの生地はバターが馴じみやすいように作っている。天敷紙と「ざる」で提供するのもこだわりの一つ。焼き立てのトーストを皿にのせると、熱がこもって生地がふやけやすい。「ざる」にすることで熱を逃がし、よりおいしくトーストを食べてもらえるようにしている。また、塩・胡椒を一緒に提供し、好みでトーストにかけてもらう食べ方も長年親しまれている。「パンの耳を落として」、「あまり焼かないで」、「バター少なめ」などのお客の好みにも快く対応している。

15 カフェ・バッハ

← ↑ 注文時に先にケーキを選び、「このケーキに合うおすすめのコーヒーをください」とオーダーする。同店では、そんな風にしてコーヒーとケーキのマリアージュを楽しむお客も少なくない。以前からコーヒーとケーキのマリアージュを提案してきた同店だが、最近は特に増えているという。写真左のチョコレートケーキと相性が特に良いのは、中深煎りなどの深煎りタイプ。ワインと料理のマリアージュでも「同質の色を組み合わせる」が、コーヒーにおいても、濃い色のスイーツには濃い色の深煎りタイプが合うケースが多いという。写真上のチーズケーキは、その柔らかい酸味が中煎りのコーヒーと相性が良い。

CHECK!

多様な利用目的のお客に配慮

コーヒーにこだわっている『カフェ・バッハ』では、コーヒー通のファンが多いが、ドリンクの品揃えではコーヒーを飲めないお客にも配慮。ミルクやジュースなども品揃えしている。また、同店はコーヒーに興味のありそうなお客をカウンター席へと誘導しているが、それも利用目的を見極める接客がベースになっている。単に休憩目的のカフェ利用なのか。コーヒーに興味を持っての利用なのか。どちらも「大切なお客様」であることを踏まえた上で、コーヒーに興味がありそうなお客に声をかけている。

※価格は税込

スペシャリストの育成が、『カフェ・バッハ』の強さ

↑『カフェ・バッハ』は社員のスタッフを雇用し、スペシャリストの育成に注力してきた。現在は製パン・製菓部門も含めて16人の社員スタッフが在籍している。カフェオーナーもこれまでに多数輩出。『カフェ・バッハ』のグループ店が全国各地で地域密着の人気店になっている。

❶写真のミルクピッチャーは50年前から使い続けている。❷砂糖は精製度が高く、コーヒーの味を邪魔しないものを選んでいる。結晶が大きめのものを使っている理由の一つは、仮にお客が砂糖を入れ過ぎても、すぐには全部溶けず、甘すぎない状態で飲めるからだ。特に昔は、お客が砂糖を入れ過ぎてしまうケースが多かったという。一杯のコーヒーを、よりおいしく味わってもらいたい。その思いの強さが、こうした工夫からも伝わってくる。

↑ 良い道具を選び、しっかりと手入れを行なう。そうした目に見えない部分でのこだわりも大切にしている。例えば、コーヒーのスプーンも定期的に一本一本、磨き上げる。また、スプーンや181Pの写真で紹介したポットは、金属洋食器の伝統技術が有名な新潟の燕市の会社に表面のコーティングも施してもらっている。

②

CHECK!

おいしいものを作ることと同じくらい大事なのが「経理」

「飲食店の経営で、おいしいものを作ることと同じくらい大事なのが、経理をしっかりと行なうことです。私の場合は、妻の文子が経理を管理してくれたおかげで、随分と助かりました」と、田口氏は文子氏への感謝の思いも込めて話す。また、夫婦経営で大切なのは、夫婦はどうしても互いに甘えが出やすいので、そこに注意することだという。文子氏とともに、文字通り、二人三脚で歩んできた田口氏からの貴重なアドバイスだ。

※価格は税込

あとがき

　私事ですが、独立する前は旭屋出版に在職し、飲食店経営専門誌の月刊「近代食堂」の編集長を17年間務めました。「近代食堂」では和洋中のレストランから居酒屋やバルまで、幅広い業種のお店を取材させていただく機会に恵まれましたが、カフェの取材経験はさほど多かったわけではありません。

　そのため、カフェの月刊誌である「CAFERES」の連載企画「小規模で強い店をつくる」の取材・執筆にあたっては、正直、不安もありました。カフェ業界に精通していない自分で大丈夫かと…。それでも、「幅広い業種のお店を見てきた目でカフェを取材して欲しい」という前田和彦編集長の言葉に勇気づけられ、気づけば15店ものお店を取材させていただき、こうして一冊の本として出版することができました。まさに望外の喜びです。

　お読みいただいた読者はお分かりの通り、本書は取材店の皆様の協力なくして出版することはできませんでした。私の拙い質問にも丁寧にお答えくださった取材店の皆様に、この場をお借りして心より感謝申し上げます。また、本書のテーマである「小規模で強い店」は、『カフェ・バッハ』の田口護・文子ご夫妻へのインタビューから着想を得たものです。本書にご登場いただいた田口ご夫妻には、その点も合わせて心より感謝申し上げます。

そして、私が本書の書き手に抜擢してもらえたのは、外食記者として25年以上に渡り、数多くのお店を取材させていただいてきた経験があったからです。常に新しい発見がある「外食」という業界の中で、自分は成長させてもらってきたのだということを、今、改めて実感しています。

　私は外食記者であって、実際にお店を経営しているわけではありません。それでも、長く外食業界を見続けてきた記者だから果たせる役割があると信じて、「小規模で強い店」というテーマに取り組みました。そんな本書が、これからカフェをはじめる方々のお役に立つことができれば、これほど嬉しいことはありません。また、これは余談になりますが、今回の取材を通してカフェの魅力を知ることで、もっとカフェを利用したい、もっとコーヒーや紅茶の世界を知りたいという思いが自然と湧き上がってきました。カフェの魅力は考えていた以上に豊かで奥も深く、それが自分の中での嬉しい発見となりました。これからは一人のお客としても、カフェライフをもっと楽しみたいと思っています。

　最後になりましたが、本書の制作に携わってくださったすべての皆様、そして私を外食記者として育ててくれた会社であり、今回、本書を出版してくださった旭屋出版に心より感謝申し上げます。

亀高 斉（かめたか・ひとし）

1968年生まれ。岡山県出身。明治大学卒業後、1992年に㈱旭屋出版に入社し、1997年に飲食店経営専門誌の「月刊近代食堂」の編集長に就任。以来17年間、「近代食堂」編集長を務め、中小飲食店から大手企業まで数多くの繁盛店やヒットメニューを取材。2016年に独立し、フリーの外食ライターとして活動。「新・定場メニュー集」「ジェラート教本」（旭屋出版）など、書籍の企画・編集も手掛ける。また、繁盛店づくりや売れるメニューをテーマにした講演も行っている。
連絡先：h-kametaka@outlook.jp

ブックデザイン	金坂義之（オーラム）
デザイン	金坂幸子（オーラム）
撮影	田中 慶
	野辺竜馬（P6〜P17、P90〜P101）　花日真知子（P66〜P76、P114〜125）
編集	前田和彦　斉藤明子（旭屋出版）
カバー撮影協力	GOOD COFFEE　https://goodcoffee.me/
	DAVIDE COFFEE STOP
	鈴木真由子

個人でカフェをはじめる人へ

発行日　2018年9月8日　初版発行

著　者　亀高 斉（かめたか・ひとし）
発行者　早嶋 茂
制作者　永瀬正人
発行所　株式会社 旭屋出版
〒107-0052 東京都港区赤坂1-7-19 キャピタル赤坂ビル8 階
TEL：03-3560-9065（販売部）
TEL：03-3560-9066（編集部）
FAX：03-3560-9071
http://www.asahiya-jp.com
郵便振替 00150-1-19572

※落丁本・乱丁本はお取り替えいたします。　※無断複製・無断転載を禁じます。　※定価はカバーに表示してあります。
ⓒHitoshi Kametaka / Asahiya publishing Co.,LTD.2018 Printed in Japan
ISBN 978-4-7511-1342-4 C2077